교육과
소비

민들레 vol. 155

004 엮은이의 말

교육을 팝니다 장희숙

1 교육, 서비스 상품이 되다

006 서비스를 제공할수록 교육의 질은 떨어진다 이세이

018 가성비 좋은 교육을 찾아서 장희숙

028 사교육 쇼핑에 익숙한 아이는 어떤 대학생이 되었나 남유진

040 교육이 서비스 상품이 될 수 없는 까닭 홍기빈

2 교육에 스며든 소비주의

050 교육이라는 공공재는 어떻게 사유재가 되었나 이종헌

062 고교학점제 시행과 학교의 변화 김형성

076 학교라는 이름의 잡화점 이재남

085 비대해진 자아와 권리 중독 사회 하나라

096 선택이 너희를 자유케 하리라? 현병호

106　또 하나의 창

내가 명품 패딩 대신 욕망하는 것 이설기

114　교육 풍향계

아픈 교사들이 늘고 있다 편집실

126　세상 읽기

왜 청년 여성들이 더 우울한가 김정환

140　통념 깨기

AI가 아이들을 가르칠 수 있을까 이재포

152　배움터 이야기

디지털 세대의 읽기와 쓰기 정아름

161　열린 마당

정보가 넘쳐나는 시대의 균형 육아 안유림

170　부모 일기

오지랖 넓은 엄마가 되기로 했다 권주리

180　함께 읽으면 좋은 책　182　새로 나온 책　184　전국 독자모임

발행인 겸 편집인 현병호 편집장 장희숙 편집위원 김경옥 이설기 펴낸곳 도서출판 민들레
주소 서울 성북구 동소문로 47-15 전화 02-322-1603 이메일 mindle1603@gmail.com
등록일 1998년 11월 30일 발행일 2025년 3월 1일 정기간행물 등록번호 바00035
본지는 한국간행물윤리위원회의 윤리강령과 실천요강을 준수합니다.

교육을 팝니다

잡지 구독을 연장하면서 한마디 보태어주시는 독자님들이 있습니다. '어려운 시절에도 꾸준히 책 내주셔서 고맙습니다.' 격려의 말 한마디에 고마움이 잔물결처럼 일렁입니다. 읽지 못한 잡지들이 쌓여가도, 아이들이 다 자라서 별 필요가 없는데도 민들레를 응원하는 마음으로 계속 구독하시는 분들도 많다는 걸 알고 있습니다.

한 번도 만난 적 없는 이들이 한 권의 책을 사이에 두고 서로 고마워하는 장면은 값으로 매길 수 없는 그 무엇입니다. 주고받는 것 사이에 돈이 끼어들면 이런 감정들은 으레 증발하는 경우가 많으니까요. 세상에는 돈으로 살 수 없는 것들이 훨씬 많다는 진실이, 자본의 광풍에 휩쓸려 흐릿해지는 건 아닌가 싶습니다.

1990년대 이후 신자유주의 물결을 따라 빠른 유속으로 덮친 '교육의 시장화'가 더욱 적나라한 형태로 교육 현장에 스며들고 있습니다. '자유와 선택'이라는 허울 좋은 이름으로 교육 제도는 물론 목적마저 바꾸어놓은 듯합니다. 이번 호에선 교육이라는 공공재가 사유재로 변질된 과정, 학교 교육과정이 외주화되는 사정을 들여다봅니다. '서비스'를

제공할수록 교육의 본질에서 멀어져가는 교실 속 풍경도
생생히 다가옵니다. 시민의 힘으로 만들어낸 대안학교들도
'부모들이 소비자가 되었다'는 비판에서 피해갈 수 없을
텐데요. 언제든 '끊을' 수 있는 학원과 대안학교는 무엇이
다른지 깊이 생각해볼 일입니다.

"내가 널 어떻게 키웠는데"라는 말은 긴 세월 변함없는
부모들의 레퍼토리입니다. 투입한 만큼 산출이 되지 않으니
본전 생각이 난다는 거지요. 대가 없이 주는 것이 부모의
사랑이라지만 각박한 시대에 양육과 교육은 더 노골적인
형태의 '투자'가 된 듯합니다. 투자, 어쩌면 투기가 되어버린
자식 농사의 끝에는 어떤 결실이 맺힐까요. 이번 호를
읽으며 함께 생각해보면 좋겠습니다.

겨울호를 내고 봄호를 준비하는 사이, 대한민국엔
'엄청나게 엄청난' 일이 벌어졌습니다. 난데없는 계엄령에
얼떨하던 시민들은 국가란 무엇인가, 민주주의란 무엇인가
되물으며 추운 겨울 내내 광장에 섰습니다. 당연하던
일상의 소중함을 뼛속 깊이 느끼게 된 것은 고마워해야 할
일일까요. 이번 호가 독자님들께 도착할 즈음엔 봄다운
봄이 한껏 다가와 있기를 바라봅니다.

2025 봄, 장희숙

서비스를 제공할수록
교육의 질은 떨어진다

이 세 이

10년 차 초등 교사. 교육에 대한 단상을 글로 기록한다.
『어린이라는 사회』를 썼다.

"오늘이 부부의 날*이래."

친구가 말했다.

그런 것도 챙기냐고 하니, 자긴 몰랐는데 아들의 어린이집에서 챙겨주더란다. 무려 선생님이 직접 만드셨다는 레몬주스까지 보니 그야말로 정성이 느껴졌다. 부부의 날을 축하하는 어린이집의 안내장은 '학부모님, 사랑합니다!'라는 멘트로 끝이 났다.

나는 그 정성스러운 이벤트가 어쩐지 기이하다고 생각했다. 어린이집의 역할은 아이들을 보육하는 것이다. 도대체 부부의 날을 왜 어린이집 교사가 챙긴단 말인가. 그건 부부가 알아서 할 일이다. 어린이집 교사는 학부모를 사랑할 필요도 없고, 그럴 수도 없다.

가끔 지인들을 통해 보던 어린이집 '키즈노트'도 이제야 뭔가 이상하단 생각이 든다. 매일같이 빽빽하게 날아온다는 키즈노트는 언제나 전해야 할 메시지 그 자체보다 요란했다. 키즈노트 속 아이는 그냥 버스가 아니라 '병아리처럼 샛노란' 버스를 탔고, 그냥 딸기가 아니라 '주렁주렁 열린' 딸기를 땄다. 그

● 2007년에 지정된 법정 기념일. 5월 '가정의 달'에 둘(2)이 하나(1)된다는 의미를 담아 5월 21일을 '부부의 날'로 정했다고 한다.

딸기는 '새콤달콤'했고, 아이는 그걸 '냠냠' 먹었다. 미끄럼틀에는 '영차 영차' 올라가지 그냥 올라가는 법이 없었고, 그 모든 문장의 끝엔 알록달록한 이모티콘이 덧붙었다.

아이가 아니라 학부모가 읽는, 그러니까 독자가 '어른'인 이 글은 왜 그렇게까지 구구절절하고 친절하며 알록달록한가. 키즈노트의 목적은 기관에서의 아이 생활을 알려주는 것인데, 낮잠을 몇 시간 잤고, 밥은 어느 정도 먹었으며, 배변 상태는 어떠하고, 오늘은 어떤 활동을 했다는 담백한 알림만으론 모자란 걸까. 키즈노트에 이모티콘이 없으면, 딸기를 '냠냠' 먹지 않고 그냥 먹었다고 쓰면 아이의 발달과 돌봄에 문제가 생기는가? 화려하게 꾸민 그 문장들은 과연 어디까지 솔직한 것이고, 어디까지가 상투적인 표현일까.

선생님들의 역할은 아이와 눈을 맞추고 생활하는 것이지, 키즈노트를 길고 예쁘게 적는 게 아니다. 스무 줄을 채우려고 고민하느라 쉬는 시간을 반납한 선생님의 손에 자녀가 맡겨진다는 걸 안다면, 학부모는 키즈노트의 길이를 두고 볼멘소리를 할 수 있을까. 내가 부모라면 선생님들이 키즈노트에 쏟을 에너지를 아이와의 시간에 쏟길 바랄 거다. 그걸 필요 이상으로 길게 쓸 시간에 차라리 휴식을 취하시고, 아이들이 낮잠에서 깼을 때 더 신나게 놀아주길 바랄 거다.

학부모 안내장 속 사랑한다는 말이나 키즈노트의 장황한 미

사여구가 일종의 '립서비스'인 것을 안다. 이런 서비스가 유행처럼 번지는 이유는 원아를 직접 유치해야 하기 때문이다. 저출산으로 원생이 급감하다 보니 경쟁은 더욱 심해지고, 우수한 보육기관임을 직관적으로 보여주기가 힘드니 엉뚱하게도 각종 전시성 행사와 학부모 서비스가 중요해진다. 길고 긴 키즈노트는 처음엔 원아를 유치하기 위한 몇몇 어린이집의 '셀링 포인트'였겠지만, 어쩌다 보니 모든 기관에서 '하지 않으면 안 되는 서비스'가 되었다. 이처럼 생존을 위한 보육기관의 서비스가 과도해지면서, 부모들은 점차 보육이라는 본질에서 벗어난 서비스에 익숙해진다. 그리고 보육기관을 거치며 소비자로서의 자아를 탄탄히 확립한 학부모들은, 완벽한 '고객님'이 되어 공교육 현장에 데뷔한다.

수요자의 만족과 즐거움

아이의 학교 생활이 궁금하니 활동 사진을 업로드해 달라는 요구, 자녀의 선호에 따라 수업 방식을 조정해 달라는 요구, 본인 자녀만 특별히 대우해 달라는 요구는 너무 흔해서 이제 화제가 되지도 않는다. 수업에 충실하느라 아이들의 사진을 찍지 못하는 교사, 학교 규칙을 모두에게 공평하게 적용하는 교사, 아이들과 생활하느라 학부모 문자에 빠르게 답장하지 못하는 교사는 곧잘 원망의 대상이 되곤 한다. 교육의 과정을 낱낱이 보고하고, 아이돌 춤을 추든 뭘 하든 일단 아이를 즐겁게 해주는 게 마치 교사의 진정한 사명인 듯 여기는 것이 시대 정신이 되어 간다.

그 마음이 이해가 되지 않는 건 아니다. 학교에 끊임없이 무언가를 요구하는 학부모 심리의 기저에는 아이에 대한 사랑과 불안이 자리하고 있다. 자신의 품을 떠난 아이의 일거수일투족이 궁금하니 현미경을 대고서라도 보고 싶을 것이다. 교사가 부모와 같은 마음으로 아이를 사랑해주면 좋겠는데 그러지 않으니 서운할 수도 있다. 이와 같이 아이의 모든 삶을 장악하지 못하는 데에서 오는 불안, 내 자녀가 성장 과정에서 받는 상처를 도무지 견딜 수 없는 어떤 종류의 사랑이 버무려져 소비자의 정체성으로 발현된다. 교사가 내 불안을 해소해주길, 훈육의 이유를 부모에게 하나하나 납득시켜주길, 아이의 모든 순간을 공유해주고 무한히 사랑만 쏟아주길 바라는 것이다.

국가에서 갖춰놓은 시스템도 교육의 서비스화를 부추긴다. 교육에 '백년지대계'라는 허울 좋은 수식어를 붙여놓고서 교육 감은 투표로 선출하는 아이러니가 대표적이다. 유권자 대다수인 학부모의 요구를 얼마나 잽싸게 눈치채고 수용하는지가 당선의 열쇠가 되다 보니, 뭔가를 더 해주겠다는 선심성 공약이 남발한다. 표를 많이 받는 사람이 교육 수장이 되는 구조에서는 질 높은 교육정책에 대한 고찰이 이루어지기 어렵다. 당장 이번 선거에서 승리해야 하는데, 대체 어느 누가 백 년씩이나 내다보며 교육이 나아가야 할 길을 고민한단 말인가.

이런 흐름은 학교에도 고스란히 전달된다. 수요자의 목소리가 점점 더 커지는 거다. 학교에서는 교육활동에 대한 학생과 학부모의 만족도를 주기적으로 조사한다. 익명으로 이루어지는 이 조사에서는 '교통지도를 하는 할머니, 할아버지들의 복장이 단정하도록 단속하라'는 요구부터 '아이들이 위압감을 느끼니 교사는 검정색 마스크를 쓰지 말라', '학교에 노래방을 만들어 달라'는 요구까지 학부모 의견이 줄을 잇는다. 물론 학교에서 그 모든 의견을 수용하는 것은 아니지만, 엉뚱한 요구들을 두고 이를 어디까지 반영해야 할지 고민이 깊어질 수밖에 없다. 학부모들은 교육활동에 직접 참여하지 않은 채 교육활동을 평가하고, 학생들은 흥미 위주의 활동을 선호할 수밖에 없으니, 교육과정 평가라는 허울만 뒤집어썼을 뿐 교육적 효과나 의미는 뒷전으로 밀리는 경우가 많기 때문이다.

작년에 아이들에게 리코더를 지도한 후 이를 학예회 무대에 선보였다. 그야말로 학습의 결과이니 무대에 세운 것이다. 그러나 학부모로부터 단조롭고 재미없다는 평가가 돌아왔다. 관람하는 입장에서는 물론 아이들이 춤을 추거나 패션쇼를 하는 게 더 즐거울 것이다. 서비스의 관점에서 보면 리코더 연주는 확실히 밋밋하고 아쉬운 선택이다. 그러나 학생들은 한 번의 무대를 위해 공연곡 연습뿐만 아니라 입퇴장 방식과 인사하는 법, 줄 서는 법까지 교과 시간을 뚝 떼어서 수도 없이 반복 연습한다. 이처럼 교육과정과 연계한 무대에도 어쩔 수 없이 부수적인 부분에 공력을 들이게 되는 게 현실인데, 관람자의 재미를 위해 교육과정에 없는 오락성 공연까지 연습하면 어떻게 되겠는가. 그 학부모가 내실 있는 교육과 화려한 학예회 사이에서 어떤 연결고리를 찾아냈는진 모르겠으나, 교육과정을 정상적으로 운영하려면 그런 일회성 행사를 위해 교과 시간의 상당 부분을 허비할 수는 없는 노릇이다.

그뿐인가. '현장'에서 '체험'하며 '학습'하는 게 취지였던 현장체험학습은 아이들의 흥미를 고려하여 놀이동산으로 가는 일이 많아졌다. 그게 가장 높은 만족도를 보장하기 때문이다. 학생들의 영양을 고려해야 할 급식엔 언젠가부터 인기메뉴 투표를 통해 학생들이 선호하는 메뉴가 등장한다. 작년 어느 날, 수업 중에 어떤 학생이 손을 번쩍 들더니 점잖게 말했다. "선생님, 오늘이 저희 6학년 된 지 100일째 되는 날인데 선생님은 파티 안 해주시나요?"

누구에게든 좋은 서비스를 받는 건 기쁜 일이다. 즐거움이 수반되는 교육은 어떤 측면에선 바람직하다. 모든 순간은 아이들에게 좋은 경험이 될 것이고 추억으로 남을 것이다. 그러나 교육의 목적이 아이의 즐거움이 아니라 성장이라는 점에 비추어 볼 때 이 모든 활동이 최선이라고 말하긴 어렵다. 재밌는 학교생활은 가치가 있으나, 그것이 교육의 본질을 방해하면 곤란하다. 그런데 수요자의 만족과 즐거움은 명백히 둘째 문제임에도 자꾸만 가장 중요한 것처럼 머리를 들이민다.

말할 수 없는 진실

특히 '기분상해죄'나 다름없어진 아동학대 기준은 교사가 신념에 따라 교육하는 걸 거의 불가능하게 만든다. 기분을 상하게 하는 게 죄가 되는 세상, 아이를 향해 웃어주지 않은 게 학대가 되는 세상에서 학교는 학생의 성장이 아닌 수요자의 만족을 향해 조금씩 방향을 틀고, 교사와 관리자는 웬만한 맷집을 장착하지 않은 이상 '좋은 게 좋은 거'라며 자신의 정신적 에너지를 헐값에 팔아넘긴다. 일을 더 키우지 않으려는 계산은 정신 건강을 지킨다는 측면에선 몹시 합리적이지만, 교육계 전반을 '권리 지옥'으로 만든다. 한땐 멀쩡했을 어떤 사람은 누군가의 호의를 먹고 괴물로 자란다.

소비자의 정체성을 확립한 학부모와 그에 발맞추는 사회가 결합하면 정상적인 교육은 파행으로 이어진다. 만족스러운 서비스를 위해 원칙은 금세 수정되고, 그러다가 무너진다. 이제

아무도 기분 상하지 않고, 아무도 울지 않고 다치지 않는 것이 학교의 지상과제가 됐다. 부상 위험이 있는 체육활동은 이론 수업으로 대체되고, 아이가 수치심을 느낀다는 말에 발표 수업은 줄어들고, 활동사진을 올려 달라는 요구에 교사는 학생을 곁에서 돕는 대신 카메라를 든다. 그런 식으로 학교는 삐걱삐걱 굴러간다.

수요자를 만족시키려는 노력은 정상적인 평가를 불가능하게 만들기도 한다. 몇 년 전엔 교사들 사이에 희한한 주제로 갑론을박이 펼쳐졌다. 성취 수준이 낮은 학생들에게 이 사실을 어떤 용어로 전달할 것이냐 하는 거였다. '노력 요함'이라는 용어가 조심스럽다, 대체할 수 있는 표현이 없냐, 노력이 필요해서 필요하다고 하는데 뭐가 문제냐, 민원을 부를 수 있는 용어다, 이런 흐름으로 대화는 빠르게 이어졌다.

나는 '당연한 진실을 에둘러 전달하는 방법'에 대해 골몰한 그 대화 자체가 촌극이라고 생각했다. 학생의 상태를 정확히 인지해야 부족한 점을 보완할 텐데, 학생과 학부모가 받을 충격을 고려하여 이들의 감정을 상하지 않게 하는 게 더 중요해져버린 거다. 교육의 기준이 어느새 아이와 학부모의 감정이 되고 있다.

한 학기가 끝날 때마다 교사가 작성하는 '행동특성 및 종합의견'도 마찬가지다. 지금의 교사는 단점을 단점이라 말할 수 없는 21세기 홍길동이기에, 마뜩잖아도 아이의 단점을 장점화하여 적는다. 자기 주장을 좀체 굽히지 않으며 친구들이나 선생님에게 막서는 아이에겐 '자신만의 신념이 확고하다'며 묘하게 긴 듯 아닌 듯 적는다. 그럼에도 양심이 쿡쿡 쑤실 때는, 단점을 언급하되 '~한다면 더 큰 발전이 기대됨'이란 표현을 붙여 모든 것을 해결한다. '수업 시간에 좀 더 집중하고 자기 할일을 챙겨서 한다면 앞으로 더 큰 발전이 기대됨'이란 문구는 지금은 수업 시간에 집중하지 않고 제 할 일을 하지 않는다는 말이다. 좋은 말인 듯한데 뒤통수를 후려치는, 모스부호보다 더 은밀한 이 메시지를 학부모가 알아들어도 문제, 못 알아들어도 문제다. 이러니 맘카페에선 좋은 말밖에 없을 것이 분명한 생활통지표를 앞다투어 자랑하고, 학부모들끼리 머리를 맞댄 채 그 속에 담긴 진의를 탐구하기도 한다.

진실보다 고객의 감정을 더 중시하는 건 서비스의 이상한 특성이다. '주문하신 커피 나오셨습니다'라는 표현으로 고객을 높이다 못해 고객의 커피까지 높여 말하고, 어울리지도 않는 옷을 두고 '날씬하셔서 어떤 옷도 잘 어울리신다'고 추켜세우는 것들이 모두 그렇다. 그런데 교육에서 필수적인 평가마저 서비스 영역에 들어서면서, 학생의 상태를 정확히 전달하고 학생의 성장을 도모하기보단 일단 그들의 기분을 좋게 만드는 게 우선이 됐다. 그러니 나는 자꾸 진실 앞에서, 상한 바지락처럼 입을 꾹 다물고 쿰쿰하게 썩어간다.

학교와 교사의 존재 이유

좋은 대우만 받고 싶고, 좋은 얘기만 듣고 싶어 하는 학부모들을 대할 때면 그들이 내 앞에 손을 턱 내밀고 서 있는 느낌이다. 나는 스무 명이 넘는 학생에게만 쏟기에도 버거운 심력의 얼마쯤을 뚝 떼어 그 손에 쥐어준다. 조용히 책을 읽으라며 학생들의 입을 막은 후에, 이모티콘을 가득 담아 문자 메시지를 꾸미기에 여념이 없다. 정작 그 시간에 아이들은 고개를 숙인 채 핸드폰을 만지는 선생님의 정수리만 쳐다봐야 한다.

교칙을 어긴 자녀를 혼내지 말라는 요구에, 나는 배덕감을 느끼면서도 가끔 그 요구를 수용한다. 학부모는 그런 서비스를 원하고, 나는 그걸 매번 거부할 만큼 용감하거나 도덕적이지 못하기 때문이다. 고로 나는 교사로서의 책임을 만홀히 했지만 맘카페에선 제법 좋은 선생이 되었을지도 모른다. 자녀가 받는 교육이 아니라 자신이 받는 서비스로 교육의 질을 오판하는 학부모가 늘어갈수록, 학교는 화내는 학부모에게 떡 하나 더 주는 방앗간이 된다. 입맛에 맞는 것만 쏙쏙 골라 입에 넣어주니 학생과 학부모의 정신적 당뇨는 깊어진다.

이쯤에서 나는 학교의 존재 이유에 대해 생각해보게 된다.

학교가 단지 아이의 즐거움과 부모의 편의를 위한 곳이라면, 그러니까 교육이라는 본질을 제대로 수행할 수 없는 곳이라면, 이 기관에서 수 년을 보내는 것이 왜 굳이 헌법상의 의무가 되어야 하는가. 이렇게 애매하게 힘들고 애매하게 불만족스러울 거라면, 차라리 화려한 키즈카페나 놀이터에서 시간을 보내는 게 더 합리적이지 않을까.

교사가 자신의 자녀를 위해 최고의 서비스를 해주기 바라는 부모의 마음은 이해하나, 학교는 서비스가 아니라 교육을 위해 존재한다. 교사는 아이에게 사랑만 퍼붓는 존재가 아니다. 필요한 것을 가르쳐야 하고, 그 과정은 마냥 즐겁고 행복할 수 없다. 아이는 교육을 받아야 하는 헌법상 의무교육의 대상자이고, 교사와 부모는 아이가 그 의무를 다하도록 돕는 조력자다.

한 아이의 키즈노트를 길게 쓰는 데는 단지 몇 분 정도의 노력이 더 들 뿐이지만, 그런 식으로 요구되는 서비스가 하나둘 늘어날수록 소요되는 시간도, 에너지도 더 커질 수밖에 없다. 교사의 에너지는 한정되어 있다. 그걸 간과하고 학부모를 만족시키기에만 골몰하는 사이 정작 교육은 '학생을 가르치는' 목적에서 점점 멀어진다. 교사가 아이들에게 온전히 집중할 수 있도록, 학부모는 아이의 가능성과 교사의 전문성을 믿고 한걸음 물러서서 인내할 때이다.

가성비 좋은 교육을 찾아서

장 희 숙 《민들레》편집장

대안학교 학생들이 빠르게 줄고 있다. 2000년대 중반만 해도 대안학교 입학하려면 높은 경쟁률을 뚫어야 했는데, 요즘은 대부분 정원 미달이다. 어려운 상황에 학교를 꾸려가는 교사들도 힘들지만, 학부모들의 부담도 커졌다. 경제적 부담 그리고 운영 참여의 부담이다. 2022년부터 비인가 대안학교 대상으로 교육청 등록제가 시행되고 있지만 재정 지원은 미미해서 운영비의 많은 부분을 여전히 학비, 즉 학부모가 내는 돈으로 감당해야 한다. 학생 수 감소는 학교 운영비 감소와 직결되니 교육활동도 위축된다.

많은 대안학교에는 학부모 참여 문화가 활발하다. 공동육아 어린이집을 꾸리던 부모들이 설립한 초등 대안학교들은 더 그렇다. 단순히 학교 행사에 참여하는 수준이 아니라, 행사를 기획하여 주최하고, 학교 운영의 크고 작은 결정을 함께하고, 수업 활동을 지원하고, 대청소나 건물 수리 등등 일일이 용역을 쓸 수 없는 자질구레한 뒤치다꺼리까지 발 벗고 나선다.

전국 곳곳에 대안학교들이 생겨나던 2000년대 초반, 부모들은 그야말로 교육의 주체였다. 학교부지 매입이나 건축 등에 필요한 돈을 십시일반 모으고, 교육과정을 같이 만들고, 교사도 선발하면서 무에서 유를 창조해냈다. 그 세대 학부모 자녀들이 학교를 졸업하고 몇 년 지난 2010년 즈음부터 대안교육 판에서도 '학부모들이 소비자가 되어간다'는 말이 나오기 시작했다. 양희창 전 제천간디학교 교장이 "동지는 간 데 없고 고객만 찾아온다"며 걱정 섞인 우스개를 하던 것도 그 무렵이다.

그로부터 10여 년도 더 지난 지금은 어떨까. 자녀 졸업 후에도 애정을 가지고 물심양면으로 학교를 돕던 이들까지 떠나간 지금, 새로 들어온 부모들에게 그런 열정을 기대하기는 어렵다. 학부모 참여 문화가 오히려 입학을 결정하는 데 문턱이 되기도 한다. 아이에게 잘 맞는 학교라면 그로 족할 뿐, 운영에까지 참여하며 복잡한 일을 책임지고 싶어 하지 않는 부모들이 많아졌다. 이는 곧 그 몫을 누군가가 더 해야 한다는 뜻이다. 1세대만큼은 아니어도 학교를 지켜야 한다며 궂은일을 맡던 선배 부모들은 학교 일에 소극적이면서 요구 사항은 많은 후배 부모들이 성에 차지 않는다. 그렇다고 '라떼는' 운운하며 참여를 강권하자니 꼰대 소리를 들을 것 같아 말을 삼킨다.

이 정도는 당연한 권리?

신입 학부모들로서는 '교육소비자'로 분류되어 이기적인 사람 취급당하는 게 억울한 면도 있다. 어렵게 학교를 선택해서 적잖은 학비를 내고 보내는 만큼 '투자한 보람'이 있길 바라는 게

큰 잘못인가. 만족에 대한 기대가 큰 것은 내가 신중하게 '선택'
한 곳이기 때문이다. 긴 고민 끝에 여기저기 정보를 뒤지고, 학
비부터 교육과정, 집과의 거리 등등을 따져 고르고 골라 보냈
는데 이 정도 기대는 해도 되지 않나 싶다. 작은 규모에서의 맞
춤형 교육을 바라며 보낸 것이니, 공교육에선 눈치 보여 못했
던 '내 아이 케어' 부탁도 좀 더 과감하게 할 수 있다. 아이가 힘
들어하는 교육과정에서 빼달라고, 아무리 대안학교라지만 기
초 학습은 좀 챙겨달라고, 친구와 싸운 것 같은데 말을 않으니
대신 좀 물어봐달라고. 예를 갖춰 전하는 이런 소소한 부탁은
민원 축에도 안 끼는데 좀 할 수 있는 것 아닌가.

공교육 말고는 길이 없던 시절, 대안학교라는 선택지는 오아
시스였다. 다른 것을 선택할 수 있다는 그 자체로 갈증이 해소
됐다. 입시로 아이를 달달 볶는 공교육만 아니면 된다는 마음
으로 막 생겨난 대안학교에도 망설임 없이 아이를 맡겼다. 요
즘은 혁신학교 등 공교육도 선택지가 다양하고 대안학교도 많
을뿐더러, 이도 저도 마뜩잖으면 학원 몇 개 다니며 홈스쿨링
을 하는 길도 있다. 신입 부모들의 선택은 이 모든 가능성들을
꼼꼼히 비교분석하고 이것저것 따져본 뒤에 내린 것이다.

선택은 우리를 자유롭게도 하지만, 또한 불행하게도 만든다.
선택지가 생기면 그중 더 좋은 것을 고르려는 심리가 작동한
다. 이 심리는 '나쁜 것을 골라서 손해 보는 일을 겪지 않겠다'

는 다짐과 함께한다. 고르는 과정에서 당연히 비교하는 마음이 들고, 선택을 당하는 입장에선 차별성을 '어필'하면서 간택을 기다리는 처지가 된다.

하지만 선택지가 많다고 해서 반드시 만족도가 높아지는 것은 아니다. 심리학자 배리 슈워츠Barry Schwartz는 "너무 많은 선택은 오히려 불행을 초래할 수 있다"고 말한다. 선택하는 과정이 스트레스를 유발하고, 더 좋은 선택이 있을 거라는 생각 때문에 실제 만족도가 낮아지며, 선택 후에도 "다른 걸 골랐으면 어땠을까?" 하는 후회 가능성이 높아진다는 것이다. 좋은 선택을 하는 것보다, 무엇이든 선택한 후에 그것을 만족스럽게 받아들이는 것이 더 중요하다는 말이다.

어렵게 선택한 학교에 높은 학비를 내다 보니 대안학교 학부모들은 돈에 얽힌 문제 제기도 많이 한다. 코로나 시기에는 아이들이 학교도 안 가는데(집에서 온라인 수업을 하는데) 학비 일부를 환불해줘야 하는 것 아닌가, 설립 당시 생긴 부채 이자를 왜 내가 부담해야 하는가, 학비를 냈는데 여행비 같은 추가 비용은 왜 또 내는가 등등. 그들은 이런 말을 편하게 할 수 있는 것이 대안학교가 지향하는 민주적인 문화라고 생각한다.

학교 구성원이 되었다고 해서 '한 번 해병은 영원한 해병'식으로 끝까지 함께해야 한다는 부담감도 없다. 학교가 아이에게 안 맞다 싶으면 언제든 발을 뺄 수 있다. 그러니 중간에 그만두는 경우도 늘어난다. 그들이 떠난 자리를 보며 남은 사람들은 상실감을 느낀다. 이쯤 되면 대안학교의 정체성마저 고민하게 된다. 개인의 자유와 선택을 존중하는 대안학교는 사립학교인가. 학원처럼 마음에 안 들면 언제든 '끊을 수 있는' 사교육과는 뭐가 다른가.

교육이라는 변수

공립학교든 사립학교든 또는 대안학교든 요즘 학부모들이 '소비자가 되었다'는 말에는 부정적인 뉘앙스가 담겨 있다. 교육이 상품화되었다는 뜻이고, 학부모가 교육을 단순히 비용만 지불하면 받을 수 있는 서비스로 여기게 되었다는 뜻이다. 하지만 다른 의미로 보면 긍정적인 측면도 있다.

학교의 권위가 대단하던 시절엔 교사의 비교육적 처신도 많았으나 통제할 길이 없었다. 촌지 받는 교사, 술 취한 채 수업하는 교사, 피멍이 들도록 학생을 때리는 교사, 여학생의 치마를 들추는 남교사가 있어도 그냥 참았다. 학부모도, 학생도 감히 저항하거나 통제할 수 있는 일이라고 생각하지 못했다. 지금처럼 학부모가 학급 운영이나 교사의 생활지도에 자유로이 의견을 낼 수 있다는 건 그만큼 학교가 개방적이고 민주적으로 변했다는 이야기다. 학교 구성원들 사이에 긴밀한 상호작용이 가능해졌다는 뜻이기도 하다.

인간의 모든 사회적 행위는 '주고받는' 것이다. 언어를 주고받고, 물건을 주고받고, 눈빛을 주고받고, 감정을 주고받는다. 그 행위 중 하나가 돈을 매개로 뭔가를 주고받는 이른바, 소비다. 다만 경제적 소비와 달리 인간관계에서는 주려고 하지 않아도 주게 되는 게 있고, 주려던 것과 다른 것을 받을 수도 있다. 교육도 마찬가지다. 인간관계나 교육에는 상품과 화폐를 교환하듯 단순명료하게 떨어지지 않는 변수가 늘 작동한다.

따라서 투입-산출이라는 경제 공식이 교육에는 적용되지 않는다. 투입에 대한 산출이 즉각적이지 않으며 확실하지도 않다. 뭔가를 배운 결과가 그를 어떤 인간으로 만들지는 인생이 끝나봐야 안다. 그런 면에서 학부모들이 학교에서 일어나는 일들에 대해 일일이 민원을 넣는 것은 너무 성급하게 산출을 계산하는 것이다. 교사가 무심코 한 말과 행동이 아이에게 상처를 줄 수도 있지만 아이는 회복탄력성을 지닌 존재다. 부모와 교사, 친구들 사이에서 이런저런 상처를 받기도 하고 주기도 하며, 또 서로의 상처를 돌보기도 하면서 자란다.

어떤 형태로든 배운다는 것은 필연적으로 어려움을 동반한다. 배움은 갈등과 균열 속에서 새로운 나로 태어나는 일이기 때문이다. 그 과정을 수용하고 인내하는 것은 배우는 이로서 감당해야 하는 숙명이다. 기타를 잘 치려면 손가락 끝이 갈라지는 아픔을 감수해야 한다. "우리 아이 손가락 아프니 기타 수업에서 빼주세요" 같은 학부모의 요청은 사실상 아이에게서 배움의 가능성을 거세하는 것이나 다름없다. 마냥 즐거운 배움, 날마다 행복하고 신나는 교육공간은 환상에 지나지 않는다.

아이의 성장을 돕는다는 것은 위태로워 보이는 그 배움의 과정을 기꺼이 아이 스스로 겪을 수 있도록 내버려 둔다는 것이다. 부모 곁을 떠나 낯선 사람들 속에서 다양한 사건을 겪으며 아이는 어른이 되어간다. 그런 기회를 가질 수 있는 건 다행스럽고 고마운 일이다. 아이가 부모 그늘에서 벗어나 선생님과 친구들이라는 새로운 자기장 속에서 성장해가는 모습을 지켜보면서 부모도 아이로부터 독립해간다.

멀리 보는 연습

교육도 상품이 된 사회에서, 교육을 선택할 때도 가성비(가격 대비 성능의 비율)를 따지게 되었다. 하지만 인간의 성장은 효율성이란 잣대로 잴 수 없다. 인생을 돌이켜보면, 이 정도 교훈을 얻으려고 그렇게 시행착오를 겪었나 싶은 것들이 얼마나 많은가. 교육은 교육 그 자체가 목적이다. 시행착오 없이 빨리, 쉽게 원하는 목표를 이룰 수 있게 해주겠다고 유혹하는 교육상품들은 그래서 가짜일 가능성이 높다. 아무리 훌륭한 선생을 만나고,

효율적인 교수법을 적용해도 인간은 저마다 다르게 배우고 자기가 배울 수 있는 만큼만 배우기 때문이다.

아이들을 가르치다 보면 마음이 조급해질 때가 있다. 아무리 공을 들여도 이럴 수 있나 싶게 변화가 더딘 아이를 볼 때, 배우지 않겠다고 굳은 결심이라도 한 듯 단단한 돌멩이 같은 이 아이에게 가르치는 일이 다 무슨 소용인가 하는 마음이 들려고 할 때, 그럴 때면 멀리 보는 연습을 한다. 저 멀리, 아직 등장하지 않는 그의 인생을 본다. 지금 열세 살인 이 아이의 등 뒤로 스무 살, 서른 살, 그렇게 오지 않은 시간들을 포개어 상상해보면 부유하던 조바심이 조금은 가라앉는다.

여태 만난 수백 명의 아이들 중에 변하지 않는 아이는 없었고, 성장하지 않은 아이는 없었다. 걸핏하면 주먹을 휘두르던 아이가 시 쓰는 사람이 되고, 자나깨나 게임에 빠져 있던 아이가 캐릭터 개발자가 되기도 한다. 인간관계가 힘들어 툭 하면 울던 아이는 그런 사람들을 돕고 싶다며 심리상담 공부를 하고 있다. '뭐가 되려고 저러나' 싶었던 아이들은 제각기 다 무엇인가가 되어서 열심히 살고 있다.

생각해보면 문제적 상황처럼 보였던 그들의 성장기 또한 갈등과 균열을 수반하는 배움의 과정이었다. 성숙을 향해 나아가는 그 당연한 과정을 조바심치며 바라보는, 성숙하지 못한 어른이 있었을 뿐. 어린애 같던 중학생들이 청년이 되어 학교를 떠나고, 사회인이 되어 제 몫의 삶을 꾸려나가는 것을 목격하면서 어쩔 수 없이 '인간의 변화 가능성'을 믿게 되었다. 믿자고 다짐한 게 아니라, 그들의 삶이 증거가 되어 저절로 믿어진 것이다.

인생은 뜻대로 되지 않고, 인간은 원하는 방향으로 자라지 않는다. 우연과 필연이 날줄과 씨줄로 엮여 어떤 무늬의 인생이 펼쳐질지는 아무도 모른다. 누군가가 우리 애를 훌륭하게 만들어주길 바라면서, 혹은 내가 훌륭한 사람으로 키워낼 수 있다고 믿으면서 가성비 좋은 교육을 찾아 헤매는 일은 그래서 부질없다. 교육은 눈에 보이지 않는 것을 상상하는 일이다. 투입과 산출을 셈하고픈 마음을 멈추고 지금 이 시간이, 이 경험이 아이 인생 어디쯤에서 빛을 발할 거라고, 멀리 보면서 불안한 나를 다독이는 수밖에 없다. 진실일지라도 혹은 진실이 아닐지라도.

사교육 쇼핑에 익숙한 아이는 어떤 대학생이 되었나*

남 유 진

서울대학교 교육연구소 객원연구원, 교육사회학, 질적연구방법론 관련 연구와 강의를 한다.

"대학교 와서 공부하면서 가장 어려웠던 점이요? 사교육이 없다는 거요."

재윤(가명)은 서울의 한 대학에 다니는 4학년 학생이다. 그는 초등학생 때부터 학원을 직접 고르고, 부모에게 정보를 요청하면서 자신에게 맞는 학습 환경을 구성해왔다. 사교육을 통해 자신만의 공부법을 구축한 그는 스스로를 '주도적인 학습자'로 규정했다. 그러나 대학에 입학한 후, 자신이 기대했던 학습 환경과는 전혀 다른 현실을 마주했다. 나는 그가 말한 '주도성'은 과연 무엇을 의미하는지 생각하며 재윤과의 면담을 시작했다.

안식처로서의 사교육

재윤은 학구열이 높은 지역에서 성장하며 영어유치원을 졸업하고, 학원이 밀집한 환경에서 자연스럽게 사교육을 접했다. 그의 주변 친구들 또한 학원을 다니는 것이 자연스러운 분위기였고, 학업 경쟁이 치열한 환경 속에서 '학원'이 곧 공부의 중심이 되었다. "사교육을 받느냐 마느냐가 아니라 어떤 사교육을, 어디를 가서, 어떻게 받느냐"가 중요했던 학창 시절을 보냈다. 중학교에 진학하면서 그는 보다 전략적으로 학원을 선택하고 활

---

* 「'시험인간'의 달리기는 어떻게 계속되는가: '주도적'으로 사교육에 참여한 대학생의 학습 경험에 대한 내러티브 탐구」(남유진, 2024)를 재구성했다.

용했다. 재윤의 중학교는 명문 프라이드가 강한 학교였고, 성적 피라미드의 최상위 계층에 해당하는 학생들이 학교 분위기를 좌우하는 편이었다. "선생님들은 그걸 굉장히 자랑스러워하고 학생들은 받아들이며" 이 분위기는 유지, 강화되었고 재윤 또한 그 구조의 상층부에 머물기 위하여 보다 더 사교육에 몰두하는 방식으로 시간을 채워나갔다.

재윤은 중학교와 고등학교 시절, 자신의 일주일을 학원과 인터넷 강의로 빈틈없이 채우는 편이었다. 중학교 때에는 공부에 투자하는 시간 대비 성적이 잘 나오지 않는 자신의 스타일을 보완하기 위하여 교과목 인터넷 강의를 골라듣고 자신에게 맞는 학원을 찾아다녔다. 고등학교 때에는 학교라는 공간이 낯설어지고 학교 공부에 흥미를 잃자 이 빈틈을 학원과 인터넷 강의로 가득 채워 넣었다. 재윤에게 학원이라는 공간은 학교에서의 입지를 유지하고 불안감을 잠재워 안정감을 선사하거나, 적응되지 않는 학교 분위기로부터 눈길을 돌려 자신이 원하는 수업 환경을 선택하여 대학 입시를 준비할 수 있는 모종의 '안식처'로 여겨졌다.

학원 공부와 학교 공부를 병행하며 재윤에게 중요한 기준은 '시험에 나오는 것과 나오지 않는 것'을 가르는 것이었다. 학교에서의 어려운 시험을 대비하고, 이에 앞서 수업 내용을 선행학습하는 방식은 재윤이 초등학교 때부터 유지해온 것이고 학원과 인터넷 강의를 통해 충분히 구현할 수 있는 익숙한 방식이었다.

이 흐름에 변화가 생기기 시작한 것은 고등학교에 들어간후, 전체적으로 '하향 평준화' 되었다고 느껴지는 학교 분위기를 의식하면서부터였다. "될 놈에게 몰아주자"는 분위기는 재윤의 고등학교 생활을 더욱 불편하게 만들었는데, '선별적 지원'에 대해 암묵적으로 용인하는 분위기 속에 "서울대 갈 애와 아닌 애"에서 '아닌 애' 집단에 속했던 재윤은 이 가시적인 차별 구조에서 자신의 방식으로 학업을 지속해가고자 사교육을 선택했다. "학교 이름으로 애들을 나누고 그렇게 대하는" 학교 분위기에 반감을 가지면서도, 동시에 그 불편한 구조 안에서 상층부로 진입하고자 하는 욕망을 가질 수밖에 없던 재윤이었다.

고등학생 재윤에게 학원과 인터넷 강의를 통한 공부는 입시를 위한 궤도에서 가장 "믿음직하고 기댈 만한" 학습 방식이 되어갔다. 재윤은 안정감과 성취감을 주는 사교육을 통한 학습에 점차 몰두했다. 교과목에 따라 학원에서 '선행학습'을 하는 일정에 맞추어 자신이 어려웠던 부분은 추가적으로 과외를 받아서 이를 보완했다. 고등학교에 진학한 후에는 물리적 시간이 부족해서 과외를 통한 선행학습을 따라잡기에도 어려움이 생겼다. 그 이유는 "학원 보충을 많이 끼워넣다 보니 과외 할 시간조차" 내기 어려웠기 때문인데, 이 부분은 자신이 구성한 인터넷 강의에서 일타강사들의 과목을 세부적으로 찾아들으며 보충하는 방식으로 대체했다.

사교육 시장에서의 '학원 쇼핑'

재윤은 초등학교 시절부터 악기, 운동, 주요 교과목, 논술 학원과 과외에 대한 방대한 데이터를 수집하고 있었다. 지역 특성상 접할 수 있는 학원과 특강의 종류가 다양한 것도 있지만, 이 사교육 시장에 대한 정보를 적극적으로 수집하고 선별해내려는 관심과 의지가 어린 재윤과 그의 어머니에게 충분했기 때문이다.

다양한 학원 중 재윤이 학원을 선택하는 기준은 "나에게 맞는 수업"이 무엇인지, 그 수업이 어느 학원에 있는지였다. 예컨대, 재윤은 영어 학원을 매우 자주 등록하고, 변경했다. 자신이 중시하는 원어민 수업의 질이 어느 정도인지, 문법 위주로만 수업하는 곳이 아닌지 등의 깐깐한 기준을 가지고 자신에게 잘 맞는 수업이 있는 곳을 적극적으로 찾아다녔다. 이 시기를 재윤은 "학원 쇼핑"에 몰두했던 시절이라고 표현했다.

학원을 고르는 기준이 자신에게 잘 맞는지 여부였던 것처럼, 재윤은 학원을 대하는 데 있어 자신이 자본주의 논리를 적용했다는 점을 밝히는 데도 거부감이 없었다. '실제로 안 맞는 거를 시간과 돈을 할애해서, 재화를 들여서 감내할 필요가 있나'라는 생각이 학원을 변경하는 이유의 가장 큰 비중을 차지했고, 재윤 자신도 이 점이 거부하기 어려운(수업을 듣지는 않더라도 그 자리에 앉아 있어야 하는) 학교 공부와 달리 자신이 무언가 '주도적 역할'을 하는 것 같은 생각이 든다고 의미를 부여한 지점이기도 하다.

학교는 모든 아이들한테 같은 프리 사이즈의 옷을 주는 느낌이라면 학원이나 과외는 딱 맞는 사이즈를 골라주는 느낌이 되게 강해서 (…) 그렇다 보니까 저는 학원에서 하는 방식이라든가 학원에서 가르치는 내용이 저한테는 조금 더 공부하기도 편했고 제가 뭔가를 알아간다라는 것도 오히려 학원에서 즐거움이 더 컸고.

재윤은 자신이 경험한 학교교육을 모두에게 '프리 사이즈' 옷을 주는 교육으로, 사교육을 개개인에게 '핏(fit)한 사이즈'를 골라주는 교육으로 정의했다. 소비자 입장에서 자신의 취향을 충족시키는 서비스를 고르는 것처럼, 자신의 사이즈와 취향을 반영하여 선택할 수 있는 맞춤옷 같은 사교육은 재윤에게 보다 친숙한 선택지가 되었다.

재윤은 대학 진학 후 사교육이 없는 것에 당혹감을 느꼈다. 고등학교에서는 '수능에 나오는 것과 수능에 나오지 않는 것'이라는 지표를 기준으로 학교와 학원 간의 밸런스를 맞추면 자신이 원하는 과정과 결과를 얻을 수 있었던 데 비해, 대학 강의는 "감을 잡을 수조차 없는" 형태에 해당했다. 교수들은 일타강사처럼 흥미나 효과적인 내용 전달에 집중하지 않았으며 오히려 그 반대에 해당하는 편이 많았다. 재윤은 "맞지 않는 수업을 꾸역꾸역" 소화하는 방식으로 학점을 채워나갔고, 수업을 듣는 것조차 힘들었던 상태에서 "대학을 와서 무엇을 배우고 싶었는지, 무엇을 배우려고 대학에 왔는지, 내가 과연 이루고 나가야 되는 게 무엇인지"에 대해 끊임없이 고민하게 되었다.

1~2학년을 무기력하게 보낸 재윤은 3학년이 되어 자신이 익숙하게 해왔던 방식으로 이 난관을 헤쳐나가고자 결심했다. 안 좋아진 학점을 포기하는 대신, 대학 생활에 애정을 갖기 위하여 동아리나 학교 홍보대사에 자원하여 영상 편집을 배우기로 한 재윤이 선택한 방안은 '영상편집 학원'을 찾아 등록하는 것이었다. 재윤은 비로소 대학에서 자신이 익숙한 방식으로 문제를 '주도적으로' 해결해나간 것이 아닌가 생각하면서도 동시에 자신을 "사교육에 절여진 사람"으로 규정했다.

재윤은 학습에 있어서의 주도성이 발현되기 위해서는 자신에게 '사교육'이라는 선택지가 있어야 한다는 점을 대학 3학년 즈음 발견했다. "대학 전공은 학원이 없지만 영상 편집 학원은 있으니까" 사교육이 존재하는 영역을 새롭게 탐색하여 그 영역에서 자신이 축적해온 주도성 전략을 펼치고, 익숙한 방식으로 학습 경험을 이어가며 경로를 만들어갔다. 즉, 재윤은 사교육의 병행 가능 여부 혹은 사교육의 존재 유무에 따라 자신의 대학에서의 학습 경험을 채워나간 것이다.

대학 전공과 교양과목을 공부하는 데에 사교육의 존재 유무가 학습자 재윤에게 지대한 영향을 미친 것은, 그에게 있어 교육의 원형은 '사교육'이기 때문이다. 부모님은 "그래도 학교 수업은 꼭 들어야 한다"고 강조하셨지만, 재윤은 "사교육 90, 공교육 10의 비율"을 언급하며 부모님의 당부가 자신이 최소한으로 공교육에 분배해 놓은 10 정도의 수치에 해당하는 '기본적 태도'의 근간이라고 밝혔다.

재윤은 매우 어린 시절부터 공교육, 사교육 간의 명료한 경계를 느끼지 않고 자라왔다. 초등학교 시절엔 실제로 학원이 학교교육의 일부나 연장인 줄 알았을 정도로 이를 당연하게 받아들였고, 학교급이 올라갈수록 사교육에 지속적으로, 다양하게 참여하는 것이 부모의 경제적 지원에 의해 갈라진다는 점을 파악하며 그 구분이 이전에 비해 명확해지기는 했지만, 큰 의미는 두지 않는 편이었다.

교육의 원형으로서의 사교육은 다른 사교육을 위한 중심축의 역할을 수행했다. 재윤은 '학원'에서의 성취를 위해 과외를 병행했는데, 사교육이 사교육을 파생했던 것이다. 대학생이 된 후 자신이 과외 수업을 진행하게 되자, 재윤은 가장 먼저 자신이 다녔던 학원의 자료를 떠올렸고, 해당 학원에 문의하여 허락을 받고 그 자료를 활용했다. 재윤은 학원에서의 학습 경험이 자신에게 성인이 된 이후까지 지대한 영향을 미치고 있으며, "내가 기억하는 공부라는 건 다 사교육"이었다는 생각을 다시 한번 확인할 수밖에 없었다.

또한 재윤은 '시험'을 전제로 하는 학습에서 안정감을 느꼈다. 대학 전공 수업을 수강하며 재윤이 느낀 당혹감은 "어떤 것이 시험에 나오는 것이고 어떤 것이 나오지 않는 것인지 구분하기 어렵다"는 데에서 기인했다. 이전까지 재윤에게 시험이란 상대적으로 명징한 목표이자 결과였다. 시험을 기점으로 준비 기간을 소급하여 학원과 인강, 과외 일정을 주도적으로 구성하고, 수치화된 시험 결과를 통해 자신이 앞으로 보완할 부분과 강화할 부분을 구분하는 것이 재윤에게는 익숙한 학습 방식이었다. 재윤에게 자신의 학습 생애를 관통하는 거대한 목표는 '입시'였으며, 사교육은 입시를 위한 당위적 선택이었다.

'학습된 주도성'은 아이들을 어디로 이끄는가

재윤의 내러티브는 대한민국의 입시라는 거대 구조를 관통하는 학습자들이 경험하는 '주도성'이 오독될 수 있다는 점을 드러낸다. 재윤의 경우, 학교와 학원에서 치러지는 시험에서 좋은 결과를 얻기 위해 "나에게 맞는 수업을 주도적으로 고르고 안 맞는 것은 주도적으로 이야기"하는 일련의 과정을 반복했다. 대부분의 수험생이 경험하는 바와 같이, 상위 학교급에 의한 선발 시스템을 기반으로 끝없는 경쟁이 펼쳐진 입시 레인 위에서 재윤은 자신의 달리기를 위한 페이스 메이커로 '학원과 인강, 과외'를 곁에 두었다.

　이 선택과 전략들은 재윤에게 있어 주도성으로 해석되었지만, 대학이라는 생경한 시공간을 만나 학습된 주도성은 곧 힘을 잃게 된다. 선택하고, 변경하고, 채워 넣고, (시험을 통해) 확인하는 모종의 학습 시스템이 적합하게 작동하지 않자, 재윤의 학습은 거부와 부적응의 기간을 가지게 되었다. 입시 시스템을 관통한 후, '시험인간'● 재윤의 주도성은 익숙하게 활보하던 시스템을 벗어나 방향 감각을 잃은 것처럼 생경한 방식으로 작동하게 된 것이다.

● 김기헌 · 장근영. 『시험인간』. 생각정원. 2020.

한국 사회의 과도한 교육열과 입시 경쟁 구조 안에서 생존하기 위하여, 그리고 그 구조 안에서 통용되는 최선의 결과를 성취하기 위하여 많은 학생들이 스스로를 '수험생'으로 규정하고, 사회는 이들을 '시험인간'으로 비유한다. 재윤의 내러티브는 대학생 한 명의 사례로 개별화되지 않는다. 그의 경험은 대다수의 학습자가 입시를 목적으로 내달리는 거대한 교육 구조 안에서 겪어왔거나, 겪을 수 있는 것들이기 때문이다. 학습자들이 이 구조 안에서 축적해온 주도성이란 어떤 것인가? 그 주도성은 어떠한 특성을 띠며, 이 주도성은 어느 맥락에서 발휘될 수 있는 것인가? 또한 학습자에게 '주도성이 발휘된다'는 것은 어떠한 의미인가? 재윤의 사례는 '학습자(행위자)의 선택과 이로 인한 경험, 그리고 심지어는 이 경험을 통해 축적될 수 있는 특성인 주도성은 개별적인 경험에 의한 것이라기보다는 거대 교육 구조의 영향 아래 긴 시간 동안 학습된 과정이자 축적된 결과임을 보여준다.

재윤의 '주도성'은 자신의 학습을 주도하거나 삶의 궤적을 만들어가는 것이 아니라, 대학 입시라는 틀 안에 함몰된 형태의 주도성에 해당한다. 재윤이 직접 구성한 학습 경험은 언뜻 보기에는 자신의 성공과 성장을 위해 자율적으로 주도성을 발휘한 것처럼 보일 수 있으나, 실제로는 한국 교육의 고질적인 문제에서 조금도 탈피하지 못한 선택에 의한 결과들이었다. 이처럼 입시 경쟁 레인 위에서 발휘하는 학생들의 '주도적 선택'은 '대학 입시'라는 구획 안, 허락되는 범위에서 손을 뻗어 만들어낼 수 있는 장면들이다. 이 레인을 벗어나거나 레이스가 끝난 (것처럼 보이는) 선을 넘어서면 아이들은 어디로, 어떻게 가야 할지 고민한다. 이제 진정으로, 아이들이 더 넓은 선택지 속에서 다양한 가능성을 탐색하며 진정한 의미의 주도성을 발휘할 수 있도록 교육의 역할을 깊이 고민해야 할 때다. ◢

교육이 서비스 상품이
될 수 없는 까닭

홍 기 빈

칼폴라니사회경제연구소 연구위원장과 글로벌정치경제연구소 소장을
맡고 있다. 『어나더 경제사』 『위기 이후의 정치철학』 등을 썼고,
옮긴 책으로는 『모두를 위한 경제』 『카를 마르크스』 등이 있다.

교육은 서비스 상품인가

오늘날 교육은 일종의 서비스로 여겨지고 있다. 서비스는 재화와 함께 상품의 다른 이름이다. 쉽게 말해 콩나물 한 봉지나 자동차 한 대처럼 교육 또한 시장에서 화폐를 내고 구입할 수 있는 서비스 상품이라는 것이다. 여기에서 가르치는 사람은 교육 서비스를 내놓고 돈을 받아가는 공급자 혹은 판매자이며, 배우는 사람은 돈을 내고 교육 서비스를 사가는 수요자 혹은 구매자가 된다.

교육도 서비스라는 하나의 상품이라면 교육을 조직하는 원리 또한 다른 상품을 조직하는 원리 즉 시장의 원리와 다르지 않다. 모든 규제를 풀고, 일정한 또는 최소한의 합리성과 규제 장치가 붙어 있는 전제하에서 팔고 싶어 하는 사람이 최대한 원하는 가격에 원하는 교육 '상품'을 원하는 수량만큼 판매하도록 할 것이다. 사고 싶어 하는 사람 또한 최대한 원하는 가격에 원하는 교육 '상품'을 원하는 수량만큼 살 수 있게 할 것이다. 그렇게 되면 '보이지 않는 손'이 작동하여 꼭 필요한 교육 '상품'이 능력있는 사람에 의해 생산되어 필요한 사람에게 전달될 것이며, 그 수량 또한 가장 적절하게 조절될 것이다. 따라서 교육 '서비스'를 시장 조직의 원리에 최대한 가깝게 조직해야 하며, 이러한 방식으로의 교육 '개혁'이 필요하다.

이렇게까지 극명하게 이야기하는 사람은 없지만, 이러한 원리를 기본 관점으로 삼는 교육관이 나타난 지도 이미 한 세대가 흘러갔다. 이미 사교육 시장의 경우에는 이러한 원리를 상당 부분 구현하고 있는 것이 현실이고, 공교육 또한 여러 문제를 안고 있는 것은 누구도 부인하지 못하는 현실이다. 이러한 사고방식은 은연중에 많은 사람들의 의식 속을 파고든 이야기가 되었다.

교육을 이렇게 서비스 '상품'으로 보는 논리가 성립 가능한 것일까? 나는 그렇게 생각하지 않는다. 세상에 상품이 될 수 있는 것이 무수히 많으며 그렇게 했을 때의 효율성과 합리성도 존재하지만, 분명코 교육은 그중의 하나가 아니다. 돈을 주고 무언가를 받았다고 해서 모두 상품이 되는 것이 아니며 그렇게 되어서도 안 된다. 이는 그야말로 마르크스가 150년 전에 철저하게 규명해 놓은 '상품의 물신성' 논리에 교육을 가두는 꼴이 되고 말기 때문이다. 이를 위해 먼저 마르크스가 그의 주저 『자본론』 1권에서 설명한 상품화의 과정을 이해할 필요가 있다.

태극권이 교본이 되어 먼지 속에 묻히게 된 사연

『자본론』의 이 내용은 난해하기로 정평이 나 있다. 복잡한 설명을 배제하고 이해하기 쉬운 예를 들어 이야기를 풀어보자.

어느 마을에 태극권 고수가 들어와서 살게 되었다. 아침저녁으로 그 고수가 수련하는 모습을 보면서 난생처음 태극권을 접한 마을 사람들은 처음에는 어리둥절하다가 한 사람 두 사람 서서히 관심을 가지게 되었고, 배우려는 사람도 늘어갔다. 고수는 배우고자 하는 이웃들을 성심껏 가르쳤다. 태극권을 배우는 것은 국민체조처럼 동작만을 따라하는 것이 아니다. 동작마다 미묘하고 세밀한 요결이 있을 뿐 아니라 배우는 이의 마음가짐, 세상을 바라보는 철학까지 들어 있다.

시간이 지나면서 사람들은 태극권의 효능을 깨닫게 되었다. 몸이 가벼워졌을 뿐만 아니라 자연과 사람을 대하는 태도도 바뀌었고, 인생을 사는 법에 대해서도 생각할 수 있게 되었다. 사람들은 고수에게 감사한 마음을 저마다의 선물로 표현했다. 쌀을 가져다 주는 이도 있었고, 옷을 지어서 주는 이도 있었다. 고수는 모두 감사의 마음으로 받아서는 기록을 남겨 놓았다.

소문은 멀리 퍼져 다른 고을의 부잣집 도련님이 고수를 찾아와서 배움을 청했다. 하지만 멀리서 매일 오가기는 힘드니, 태극권 동작을 글과 그림으로 기록해 책을 만들어 달라고 했다. 고수는 말문이 막혔다. 태극권이라는 게 그런 식으로 전수되는 게 아니었기 때문이다. 하지만 그렇게라도 배우고 익히겠다는 것을 말릴 수도 없는 일이었다. 머뭇거리는 고수를 보고 도련님은 대가로 얼마를 원하느냐고 물었다. 고수는 더욱 난감했다.

답답함을 느낀 도련님은 다시 물었다. 지금까지 태극권을 배워 간 사람들은 무엇을 대가로 내놓았던가. 고수는 그동안 기록해 두었던 선물 목록을 내놓았다. 도련님은 들쭉날쭉 적혀 있는 물건의 평균 값을 어림짐작으로 계산해 대가로 제시했다. 한 번도 자신의 태극권 교습을 상품으로 생각해본 적이 없는 고수 는 흥정할 마음도 없이 그 액수를 받아들여 거래가 이루어졌 다.

집으로 돌아간 도련님은 교본을 펼쳐놓고 아침저녁으로 수 련에 몰두했다. 하지만 효과가 제대로 날 턱이 없었다. 각 동작 을 할 때마다 시선을 어디로 두어야 하는지, 손끝은 어디를 향 해야 하는지 교본에는 없었을 뿐만 아니라 그런 동작들을 왜 해야 하는지 깨닫는 것은 함께 수련하는 과정에서만 가능했기 때문이다. 시간이 지나도 진전이 없자 도련님은 결국 몇 달 되 지 않아 집어치웠고, 고수가 공들여 작성한 태극권 교본도 서 가에 꽂힌 채 먼지를 뒤집어 쓰게 되었다. 그 옆에는 그와 똑같 은 과정을 거쳐 먼저 서가에 꽂힌 다른 교본들이 있었다.

등가교환과 물신성

마르크스의 지혜를 빌어 이 이야기를 음미하자면, 우선 '물신 성'의 문제를 생각해볼 수 있다. 도련님은 태극권의 요결과 비법을 한 권의 책으로 집약하여 습득할 수 있을 거라 생각했지만, 인간 활동의 많은 것들이 그러하듯 특히 배우고 가르치는 것은 그렇게 바꿀 수 있는 것이 아니다. 콩나물 한 봉지는 돈 몇 푼 내고 가져와 국을 끓이면 되지만 교육은 이렇게 봉지에 담아 넘겨줄 수 있는 것이 아니다. 배우는 사람과 가르치는 사람은 먼저 인간적 관계를 맺어야 한다. 그들이 꼭 정이 깊거나 사랑하는 사이여야 한다는 말이 아니다. 배우는 사람은 배우는 사람으로서, 가르치는 사람은 가르치는 사람으로서 서로의 위치를 인정하고 각자의 역할에 최선을 다할 때에 비로소 일어나는 것이 '배움'이다.

하지만 도련님은 이 모든 관계를 한 권의 책으로 만들어 콩나물 한 봉지처럼 가져가서 국을 끓이면 끝이라고 생각했다. 함께 땀흘리며 서로의 몸동작을 유심히 관찰하고 생각하는 모든 과정은 사라진다. 서로가 무슨 생각을 하고 있는지에 대한 관심도, 거기에서 나올 수 있는 지혜와 깨달음의 가르침도 사라진다. 오로지 책값으로 낸 돈과 그 대가로 갖게 된 알량한 책한 권이 있을 뿐이다.

마르크스는 이것을 상품의 '물신성fetishism'이라고 불렀다. 본래 '물신fetish'이란 어떤 물건을 가져다 놓고서 그것을 신이나 되는 양 섬기고 절하는 아프리카 원주민들의 종교적 풍습을 표현하는 포르투갈어였다. 그 물건에 정말로 신이 깃들어 있는지는 물론, 그 신에게 어떤 사연이 있고 그 신과 제대로 관계를 맺기 위해서는 어떠한 몸과 마음의 가짐이 필요한지는 묻지도 따지지도 않은 채, 그저 그 앞에서 절하고 주문을 외우면 원하는 바가 이루어진다고 믿는 것이다.

마르크스는 이것이 상품화의 본질이라고 생각했다. 무언가가 상품이 되고 나면 그 상품을 만들어낸 구체적인 인간들의 활동, 그러한 활동을 낳게 된 사회적 인간적 관계는 모조리 사라져 버리고 오로지 그 상품 하나만 남게 된다. 사람들은 그 상품에 붙어 있는 가격표만 보고서 그 상품이 얼마나 귀하고 가치가 높은 물건인지를 평가하고, 그 앞에서 절을 하거나 무시하기도 한다. 우리의 이야기에서 보자면, 몇 푼 돈으로 사온 그 알량한 태극권 교본 하나만이 남게 된 것이다. 도련님은 교본을 사와서 아침저녁으로 거기에 절을 올리는 일을 했을 뿐, 실제로 '가르침'을 받은 것은 아니다.

그렇다면 거기에 붙어 있는 가격표는 과연 '등가교환'이었을까? 마르크스의 물신성 개념에 의지한다면, 등가교환이란 있을 수 없다. 물론 마르크스는 상품 생산에 들어간 추상노동 시간에 기초하여 교환이 이루어진다는 노동가치론을 정교하게 만들었지만, 물신성 개념에는 노동가치론이 아직 나타나지 않는다. 특히 복잡노동, 단순노동의 환원 과정을 거쳐 추상노동 시간을 계산할 수 없는 교육활동의 경우에는 더더욱 등가교환을 이야기할 수가 없다. 마을 사람들이 내어준 것은 어디까지나 배우고 가르치는 같은 이웃으로서의 '선물'이었을 뿐, 고수가 얼마나 오랜 기간, 구체적으로 몇 시간을 들여 태극권을 익혔는지를 계산해 그에 버금가는 노동시간이 들어간 물건을 골라서 전해준 것이 아니었다.

물론 '선물'에도 경제적 합리성이 없는 것은 아니지만, 그것은 '등가교환'이라는 숫자가 적용될 수 있는 것이 아니라 감사와 정을 표현하는 대략의 '마음의 숫자'에서 나오는 것일 뿐이다. 도련님이 책값으로 낸 돈도 따라서 크게 다르지 않다. 이렇게 대략 관습적으로 통용되는 감사의 선물을 보고서 고수가 납득할 수 있는 정도, 즉 '섭섭지 않을 정도'의 대가를 표현한 것에 불과하다. 마르크스의 '물신성' 개념을 그의 노동가치론과 따로 떼어놓고 생각한다면 '등가교환'이란 존재하지 않는다. 오로지 어림잡아 대충 상대방을 잠자코 있도록 설득할 수 있는 정도의 액수가 지불되는 '화폐의 폭력'이 있을 뿐이다.

새로운 사회적 관계로서의 교육

이렇게 마르크스의 '물신성' 개념과 '등가교환' 개념을 놓고 생각해 본다면 교육이라는 '서비스 상품'이 성립할 수 없는 것임을 이해할 수가 있다. 하지만 19세기를 살았던 마르크스가 미처 간파하지 못했던 자본주의의 중요한 현상 하나를 더 생각해야만 한다. 그것은 '소비자 심리consumer mentality'라는 문제이다.

소비자는 상품을 소비하는 사람이다. 능동적으로 스스로를 바꾸어 나가려는 존재가 아니다. 자신은 상품에 붙어 있는 가격표의 화폐를 지불했으므로 그것으로 의무를 다했다고 생각하며, 남은 일은 자신이 치른 돈만큼의 가치를 취하는 것뿐이라고 생각하기 때문이다. 돈을 내고 좋은 음식을 구매했으므로 입이 즐거워야 하고, 돈을 내고 비싼 티켓을 구매했으므로 눈과 귀가 즐거워야 하는 것이다.

교육이라는 활동은 가르치는 사람과 배우는 사람이 마치 구약성경에 나오는 야곱과 천사가 그러했듯 서로 적극적으로 맞붙어 씨름하면서(engage) 서로를 바꾸어놓는 화학적 과정이다. 배우는 사람이 '소비자 심리'에 절어 팔짱을 끼고서 뒤로 기대어 앉은 채 자기가 똑똑해질 것만 바라고 있는 상황에서는 절대로 가능할 수 없는 일이다.

20세기에 들어와 자본주의가 대량생산, 대량소비의 단계로 접어든 이후 이러한 '소비자 심리'는 산업문명 전체에 깊숙이 파고들었다. 돈을 낸 사람은 언제나 '갑'이며, 그가 돈을 낸 만큼의 욕구는 무조건 충족되어야 한다. 이는 한편으로 돈만 있으면 너무나 살기 좋은 세상을 만들기도 했지만, 사람들을 그저 지갑과 카드를 휘두르는 욕망 덩어리라는 존재로 왜소화시키기도 했다. 상품에 깃들어 있는 '물신성'이 곧 그 가격표의 돈을 지불하는 소비자가 '신'이 되는 현상으로 전이된 것이다.

마르크스의 '물신성' 이론은 종종 과도한 낭만주의라는 비판을 받곤 한다. 복잡하고 정교하게 분업화되어 무수히 다른 성격의 관계들이 중첩되어 돌아가는 산업문명의 '복합 사회'에서 옛날 어느 마을에 존재했던 태극권 고수와 마을 사람들처럼 훈훈하고 따뜻한 인간관계만을 기대할 수는 없다. 생면부지의 사람들끼리도 분업과 교환이 가능한 사회적 관계는 필연적이며, 여기에서는 화폐와 상품화가 중요한 기능을 할 수밖에 없다. 또한 교육이라는 활동도 그 전설 속 태극권 고수의 가르침처럼 마냥 신비화할 종류의 것도 아니다.

하지만 그렇다고 해서 교육을 '서비스 상품'으로 간주하여 다른 일반 상품과 동일한 방식으로 조직하겠다는 것도 해법이 될 수는 없다. 우리가 원하는, 또 실제로 살아가는 세상은 이야기 속의 태극권 마을도 아니지만 모든 것이 상품이 되어야만 하는 자본주의 디스토피아의 세상도 아니다. 그렇다면 교육이라는 활동 또한 그 두 가지가 아닌 다른 새로운 방식으로 조직되어야 할 것이다. 이 새로운 '사회적 관계로서의 교육'을 어떻게 창조할 것인가는 여전히 우리에게 풀어야 할 숙제로 남아 있다. 🔖

교육이라는 공공재는 어떻게 사유재가 되었나

_5. 31 교육개혁안을 중심으로

이 종 헌

서강대학교 사회과학연구소 선임연구원.
서울 관악구에서 독립서점 '엉금책방'을 꾸리고 있다.

교육은 공공재다. 모든 사람에게 배움의 기회와 교육의 혜택이 스며들어야 한다는 점에서 그렇고, 교육을 통해 사회적 불평등이 해소 또는 완화되어야 한다는 점에서 그렇다. 경쟁적이고 배제적인 속성을 지닌 사유재와 달리 공공재로서의 교육은 사회 구성원 누구에게나 차별 없이 지식과 기술을 습득할 수 있는 기회를 제공할 뿐 아니라 사회적 가치와 규범을 배우는 데도 중요한 역할을 해야 한다.

하지만 오늘날 우리 교육 현실은 이런 순기능이 작동하는 것으로 보이지 않는다. 오히려 그와 정반대 양상으로 나아가고 있는 것 같다. 이기심을 부추기고 개인 간 무한경쟁을 장려해 공적 가치에 역행하는 원리가 지배하는 곳으로 변모한 것이 한국 공교육의 현실이다.

왜 그렇게 되었는가? 여러 이유가 있을 것이나, 30년 전에 시작된 5. 31 교육개혁안(이하 5. 31안)의 실행이 이에 큰 영향을 미쳤다고 본다. 5. 31안은 김영삼 정부 시절인 1995년 5월 31일 '대통령 자문 교육개혁위원회'가 대통령에게 보고한 '세계화·정보화 시대를 주도하는 신교육체제 수립을 위한 교육개혁 방안'이다. 신자유주의적 세계관을 담고 있는 5. 31안은 교육을 통해 개인과 사회에 신자유주의를 뿌리내리는 중요한 계기가 되었다.

5. 31안의 골자는 국가가 독점해온 학교교육에 시장 원리를 도입하여 공급자인 학교 간 경쟁을 유도하고, 교육 수요자인 학부모와 학생들에게 선택의 자유를 보장하면 교육의 질을 제고할 수 있다는 것이다. 아울러 이런 교육 제도에서 육성된 학생들이야말로 세계화 시대에 부합하는 인재상이라는 점을 강조함으로써 신자유주의 교육 원리를 실현시키려는 의지를 보였다.

물론 5. 31안 이전의 교육 시스템에 여러 문제가 있었던 것이 사실이다. 대학 진학을 최종 목표로 하는 입시 시스템과 이에 따른 입시 열풍은 많은 사회문제를 낳았다. 시험 잘 보는 공부법에 최적화된 창의성 없는 학생들이 사회의 리더로 양산된 것도 간과할 수 없다. 그러나 교육이라는 공공재에 사적 원리를 도입해 경쟁력을 높여야 한다고 본 견해는 숙고가 필요했다. 몇몇 개인의 신념을 백년대계인 교육에 무작정 이식하는 것은 위험하다. 이들은 시민적 덕성이나 복지의 권리보다 재산권이 우선하며, 자원 배분에서도 경제적 효율성이 중요하다고 여겼다.● 실제로 5. 31안 이후 나온 후속 조치들을 들여다보면 이런 우려가 틀리지 않았음을 확인할 수 있다.

● 마크 올슨, 존 코드, 앤 마리 오닐, 『신자유주의 교육 정책, 계보와 그 너머』, 김용 옮김, 학이시습, 2015.

5. 31 교육개혁안의 주요한 후속 조치들과 그 결과를 몇 가지 살펴보자. 5. 31안이 낳은 대표적 제도는 학교선택제다. 이는 기존 평준화를 해체하고 세계화·정보화 추세에 부합하는 창의적 인재를 육성하는 것을 목표로 한다. 학교선택제는 특성화고와 자율형 사립고 등을 통해 학교를 다양화하고, 학교별 특성화 프로그램을 운영하는 제도로 이명박 정부 시절인 2007년 3월 시범 운영을 시작해 2010년, 공정택 서울시교육감에 의해 서울 시내 학교에 전면 시행되었다.

이 제도로 인해 학부모와 학생들 사이에서 선호하는 학교와 그렇지 않은 학교의 경계가 더욱 선명해지고 학교 간의 격차가 생겨나 학교서열화가 고착되었다. 일반계고, 인문계고, 실업계고, 특성화고, 특목고(과학고, 외국어고, 예술고, 체육고), 자율형 사립고 등 학교의 유형을 나누고 각자의 관심에 따른 선택 기회를 확대해 진로에 특화된 교육을 제공하면 개인의 경쟁력이 높아질 수 있다는 것은 다분히 이상적인 목표였다.

5. 31안의 명분과 달리 결과적으로는 특정 학교만을 선호하는 경향이 생겨나고 그것이 고착됨으로써 수평적인 학교 구성이 아니라 철저히 수직적인 질서가 만들어진 것이다. 예를 들어 학교선택제 도입 이후 서울지역 자율형 사립고가 제시한 교

육 프로그램은 대부분 입시에 특화된 것들이다. 국영수 등 주요 과목을 단기간 집중적으로 수업하는 몰입 과정, 학기 집중이수제, 주요 과목들에 타 과목보다 많은 시간을 할애하는 중배重倍 운영, 선행학습 등의 시행은 자사고가 추구하는 목표가 창의적 인재 육성에 있지 않음을 명백하게 보여준다. 이것들은 대개 수월성 프로그램에 해당한다. 학생들의 입시경쟁력을 높여 명문대 진학률을 높이려는 학교의 의도가 반영된 프로그램이다.

5. 31안이 표방하는 또 하나의 방향은 열린 교육 사회다. 1997년 1월「학점 인정 등에 관한 법률」이 제정되어 같은 해 3월부터 시행됨으로써 학점은행제가 출발한다. 학점은행제는 학점을 획득해 학위를 인정받고 각종 자격증 취득에 필요한 자격요건을 갖출 수 있는 제도다. 교육부 통계에 따르면 2023년 기준으로 준형식 평생교육기관 중 고등교육 형태의 기관은 총 860개, 학습자 수는 45만여 명에 달한다.

최근 자료에서는 전공별 분류가 제공되지 않지만, 2012년 교육부 자료에 따르면 학점은행제 실시 이후 특정 전공으로의 편중이 심화된 것을 확인할 수 있다. 전문학사의 경우 아동·가족 전공과 사회복지 전공이 전체의 80%를 차지했다. 학사의 경우 경영학(25.7%), 사회복지학(14.4%), 간호학(7%) 순으로 전공 편중이 나타났다. 자격 취득을 목적으로 한 3개 전공이 전체의

50%에 이르는 이 현상은 교육과정을 취업과 전업의 기회로 삼고자 하는 사람들이 많다는 의미다.

학위를 부여할 수 있는 준형식 평생교육기관의 절대 다수는 대학에서 운영하고 있는데, 유명 대학에서 실용적인 학위를 취득하는 것은 직업능력을 계발해 노동시장에서 자신의 가치를 높이기 위한 수단이 된다. 특히 이름이 알려진 대학에서 발급하는 학위는 개인의 경력을 그럴듯하게 꾸며주는 데 도움이 된다. 학점은행제의 취지가 취약 계층에 교육 기회를 제공하고 이를 통해 교육복지를 실현하려는 것이라는 점에서, 부분적으로는 그 취지에 부합한다. 하지만 '자기계발=직업능력'이라는 도식화가 뚜렷해지고 교육의 역할이 기능적 측면으로 제한됨으로써 창의적 인재와는 거리가 먼 '학위 소지자의 대량 생산'이라는 결과가 도출되었다.

5. 31안이 추진한 대학 전·편입의 확대 또한 극심한 경쟁을 부추기고 있다. 특히 편입의 경우 최근 10여 년 사이 경쟁률이 급격히 높아져 인기학과는 100대1이 넘는 경쟁률을 보이기도 한다.● 편입 열풍의 실체 또한 단순하고 명확하다. 서울 상위권 대학, 좋은 학과의 간판을 통해 양질의 직업·자격 획득 경쟁에서 유리한 위치에 서고자 하는 것이다. 전·편입은 이전부터

● '동덕여대 약학대, 2025 일반편입 경쟁률 162.67대 1 전국 1위', 《중앙일보》, 2025년 1월 3일.

있던 제도이지만 고용 환경이 악화되면서 양질의 일자리가 줄어들고, 이에 따라 상위권 대학으로 진입해 경쟁력을 갖추려는 이들이 급증하면서 나타난 현상이다.

이렇듯 5. 31안 이후 시행되었거나 확대된 제도들은 교육 서열화와 경쟁을 극단적으로 부추기는 결과를 낳았다. 대학 간판이 개인의 능력을 나타내는 유력한 지표로 간주되면, 좋은 대학에 진학하기 위해 사교육이 팽창하고, 동원 가능한 자원의 크기에 따라 개인 간 경쟁력의 차이가 발생한다. 개인에게 학교 선택의 기회를 주는 것은 곧 개인 간 체급 차이를 고려하지 않는 무제한급 경기와 흡사하다. 이 환경에서 누가 승자가 될지 예측하는 것은 어려운 일이 아니다.

2020년부터 2023년까지의 서울 소재 상위 15개 대학 국가장학금 신청자의 소득분위를 나타내는 자료를 보면 고소득층으로 분류되는 8~10구간 비율이 전체 신청자의 57%에 달한다. 이 같은 현상은 학교선택제와 대학서열화가 낳은 필연적 결과다. 고소득층 자녀가 상위권 대학에 진학할 기회가 훨씬 많다는 직접적인 증거이자, 교육 불평등의 현실인 것이다. 문제는 이 같은 현상이 교육에만 국한하지 않는다는 점이다. 교육 격차는 취업 격차를 낳고, 이는 또 소득 격차로 이어진다. 소득의 격차는 또 그들 자녀 교육의 격차를 낳으므로 사회 전체가 교육을 고리로 심각한 악순환에 빠져드는 셈이다. 5. 31 개혁 이후 대학부터 중고등학교까지를 서열화하고 상위권 경쟁을 제도화함으로써, 경쟁 분위기를 사회 전반에 확산하고 사회마저 서열화시켰다. 본격적인 학벌 사회, 서열 사회, 경쟁 사회가 된 것이다.

교육소비자의 탄생

5. 31 교육개혁안 이후 시행된 다양한 교육 제도에 대해 사람들은 학교선택제 등이 만들어진 역사적, 사회적 맥락을 고려하지 않고 경쟁 과정 그 자체에만 몰입한다. 이러한 양태는 2018년 발생했던 숙명여고 입시 비리 사건에서 극적으로 드러난다. 이 사건을 수시 학생부 전형의 문제점이라고 받아들인 대중은 '수시전형 폐지, 정시전형 강화'로 반응했다. 물론 이 사건을 포함하여 수시전형과 관련한 수많은 잡음이 불거진 것은 사실이지만, 이것이 한국 입시의 본질적 문제는 아니다. 제아무리 제도가 공정하게 작동한다 한들 '가진 자'가 경쟁에서 승리할 수밖에 없는 본질은 변하지 않는다.

현행 제도하에서 경쟁 규칙만 위반하지 않으면 아무런 문제가 없다고 여기는 것은 심각한 오산이다. 공공재가 사유재가 된 현실에서 정시가 확대된다고 사람들에게 공정한 기회가 돌아갈 리 없기 때문이다. 이러한 현상은 '소비자 권리 의식의 확장'이라는 관점으로 이해할 수 있다. 사유재를 선택하는 소비는 소비자들에게 평등한 기회를 제공하지 않는다. 구매력의 차이에 따라 선택할 수 있는 재화가 제한되기 때문이다.

학교라는 재화를 선택할 기회가 모든 교육소비자에게 주어졌다지만 실상 그 선택권은 구매력을 갖춘 소비자만 누릴 수 있다. 수동적으로 선택하는 존재가 아니라 자기계발을 통해 정보와 능력을 갖춘 진정한 교육소비자가 탄생한 것이다. 강력한 권리의식으로 무장한 이들은, 자기(개인) 책임의 원리에 진심인 동시에 공정한 경쟁을 해친다고 여기는 규칙 위반자들에게 분노한다. 실질적 선택권이 소수에게만 보장된 구조는 불평등을 재생산할 뿐만 아니라 규칙 위반자도 양산할 수밖에 없다는 점을 외면한 채 말이다.

그럼에도 학점은행제나 편입 제도가 있으므로 사람들은 개인에게 선택권이 있다고 여긴다. 선택권의 확산은 개인이 자유롭게 선택할 수 있는 권리가 중요한 가치라고 믿게 만들었지만, 실제로 선택을 허용하는 것과 모든 사람이 선택할 수 있게 하는 것은 엄연히 다르다는 사실을 간과한다. 불균형한 경쟁 환경에서 "승리한 자들은 자신이 성공의 대가를 온전히 누릴 자격이 있고, 밑바닥에 떨어진 자들은 자업자득"●이라는 생각

● 마이클 샌델, 『공정하다는 착각』, 함규진 옮김, 와이즈베리, 2020, 351〜352쪽

이 확고히 뿌리내리게 된다. 기회의 평등, 과정의 공정이 중요하다는 통념이 실제로는 얼마나 결과를 왜곡하는지, 그 결과가 기회나 과정에 얼마나 큰 악영향을 미치는지에 관한 통찰이 결여되어 있다.

교육은 시장이 아니다

공공재인 교육을 사유재와 동일시하는 것이 무리인 까닭은 크게 두 가지다. 첫째, 구매 즉시 효용을 얻는 사유재와 달리 공공재로서의 교육은 효용이 나타나기까지 오랜 시간이 소요되므로 필연적으로 대규모 공공 재정의 투입을 필요로 한다. 개인의 이익을 추구하는 행위에 공공 재정을 투입한다는 것은 말이 되지 않는다. 그런 점에서 신자유주의 교육개혁은 사적 이익 추구를 전제로 하는 시장 원리를 공공재인 교육 부문에 무리하게 적용하고 있는 셈이다. 교육에 시장 개념을 도입할 때 발생할 수밖에 없는 문제점들이 애초의 우려대로 발생하고 있다.

또한 모든 사회적 관계를 수요와 공급의 원리로 환원하려는 발상은 필연적으로 공적 책무가 요구되는 시민성을 소비자적 태도로 치환하고, 소비를 함으로써 권리를 행사할 수 있다는 생각을 확산하게 된다. 그로 인해 사회의 공적 가치는 심각하게 훼손된다. 요컨대 제도나 정책의 차원을 넘어 사람들의 생각 자체를 변화시키고 있는 것이다.

　이러한 경향은 진보와 보수 정권을 가리지 않고 나타난다. 예를 들어 김대중 정부의 '교육행정서비스헌장'은 공급자 중심에서 수요자(소비자) 중심으로 교육행정을 변화시켜야 한다는 발상에서 비롯되었다. 사유재의 경우 소비자의 요구에 맞추는 것은 그것이 공급자 자신에게도 이익이 되기 때문이다. 시장주의자들의 논리대로라면 교육 서비스의 공급자도 양질의 서비스를 제공함으로써 얻게 되는 반대급부가 있어야 한다.

　하지만 공공재인 교육에서 교사가 수요자 중심의 서비스를 제공하면서 어떤 이익을 기대할 수 있나? 오히려 교사들은 과중한 행정 업무, 적절한 학습지도 및 생활지도 권한의 침해, 부당한 민원과 학생들의 무례함에 시달리는 처지가 되었다. 어느 한쪽의 일방적인 이익을 위해 다른 쪽의 희생을 강요하는 지금의 교육환경은 시장주의자들의 이상에도 맞지 않는다.

　김대중 정부부터 노무현 정부까지(2001~2007)의 교육부 명칭이 '교육인적자원부'였다는 점도 의미심장하다. 사람을 인적자원, 즉 경제적 효용의 관점에서 본 것이다. 교육에 경제적 효용을 도입하는 발상이 소위 진보 정권 시절에도 일어났다는 사실은 교육을 사유재로 간주하는 경향이 전 사회적으로 받아들여지고 있다는 의미다.

　5. 31안은 기존 교육의 문제가 공급자 중심에 있다고 보았지

만, 실상 기득권의 유지 또는 출세를 위한 통로로 교육을 바라본 전체 사회 구성원의 문제였다. 지금의 교육은 경쟁체제의 맨 꼭대기에 있는 사람들이 자신의 지위 세습을 정당화하는 도구로 이용될 뿐이다.

사유재가 아닌 공공재로서 교육의 위상을 복원하는 것만이 뒤틀린 교육환경을 정상화할 수 있는 길이다. 그러기 위해서는 5. 31안 이래 거침없이 추진되어온 신자유주의적 교육 제도와 정책에 대한 재고가 필요하다. 교육의 공적 기능을 가로막는 여러 제도와 정책들이 불러온 결과를 점검하고, 그 폐단을 명료하게 드러내야 한다. 그랬을 때 비로소 교육에 시장원리를 이식하는 것의 위험성이 밝혀지고, 다른 길을 모색할 수 있게 될 것이다. ▨

고교학점제 시행과 학교의 변화

김 형 성

고등학교 교사. 작은 이야기들을 소중히 여기며 틈틈이 글을 쓴다.
『당신의 그늘을 읽어드립니다』를 썼다.

김기태 소설집 『두 사람의 인터내셔널』이 화제다. 영화평론가 이동진이 2024년 최고의 소설로 선정하면서 대중의 관심이 집중된 덕이다. 표제작인 '두 사람의 인터내셔널'보다 내 관심을 더 끈 작품은 '보편 교양'이다. 소설은 지금 교실 현장을 적나라하게 묘사한다.

소설 속 주인공 '곽'은 고등학교 3학년을 대상으로 '고전 읽기'라는 선택 과목을 가르치게 된다. 문제풀이 교육에 지친 그는 EBS 교재를 가르치는 대신 과목의 실제 취지와 의도를 살리겠다 결심하고 겨울방학 내내 수업에 사용할 책을 탐독한다. 학생들에게 추천할 도서에는 마르크스의 『자본론』도 포함되었다. 막상 수업을 듣는 사람은 네다섯 명에 불과하지만 학생 '은재'는 수업에 진지하게 참여한다.

그런데 학기 중반, 은재 아버지가 '자본론을 읽어도 되는 건지 걱정된다'는 민원을 제기한다. 민원 때문에 신경이 쓰이던 '곽'은 시간이 지난 후 다시 은재 아버지의 전화를 받는다. 아버지는 '괜히 신경 쓰이게 해서 죄송하다'며 사과한다. 그리고 겨울방학이 다가올 무렵 은재가 서울대에 합격했다는 소식을 듣는다. 학교에서 곽의 수업은 새삼 주목받는다.

졸업식 날 은재가 곽을 찾아와 선물을 건네며 아버지가 민원을 철회한 당시 상황을 설명한다. "컨설턴트 선생님이 아버지께 전화드렸어요. 마르크스 전혀 문제없고 고전 읽기 수업도 괜찮다고. 아버지도 좀 물어보고 전화를 하시지…." 곽은 은재가 건넨 상자 속 달콤한 유럽 디저트를 씹으며 '사람을 전혀 파괴하지 않고도 패배시킬 수 있는 달콤함'을 상상한다.

소설에는 고교학점제가 시행되면서 수능과 직결되지 않으면 외면받는 과목, 수업 내용과 형식을 검열당하는 교사의 현실이 드러난다. 교육부는 고교학점제를 통해 '학생들을 잠에서 깨우는, 살아 있는 교실'을 만들겠다고 하지만, 제도 시행 후에도 교실은 과거와 별반 다르지 않다. 오히려 '학생의 진로와 적성을 고려해 자유롭게 과목을 선택하도록 지원한다'는 고교학점제는 '선택과 자유'라는 명목으로 본질적인 문제를 은폐하고 있을 뿐이다.

고교학점제는 2022 개정 교육과정의 도입과 함께 2025년부터 본격 시작된다. 하지만 교육부 지침에 따라 이미 대다수 학교가 고교학점제를 부분 도입하여 운영했다. 제도의 핵심은 분명하다. 학생이 이수해야 할 전체 학점 중 상당수 과목을 직접 고른 뒤, 이수 기준을 충족해야 졸업할 수 있다는 것이다. 대학교에서 '전공 필수 과목'과 '전공 선택 과목'을 나누는 것처럼, 고등학교 또한 '필수 이수 과목'과 '선택 이수 과목'을 나누어 듣도록 하는 것이다.

고등학교 3년간 총 192학점을 이수하는데, 이 중 창의적 체험활동 18학점을 제외한 174학점이 교과 학점이다. 학교는 최소 80학점 이상을 '선택 이수 과목'으로 편성해야 한다.* 1학년 때는 주로 학교에서 지정한 '필수 이수 과목'을 이수하고, 2·3학년에 대부분의 '선택 이수 과목'을 듣는 식이다.

고교학점제에서 말하는 학점은 대학의 학점과 달리 수업 시간 수 중심의 개념이다. '1학점을 이수한다'는 것은 '일주일에 1차시(50분) 수업을 16주 동안 듣고, 해당 과목의 학업 성취율이 40%를 넘으면 이수된다'는 의미다. 예컨대 대다수 학교에서 1학년 과목으로 편성하는 '공통국어 1'은 4학점으로 운영되는데, 이는 해당 과목을 매주 4시간씩 16주 동안 듣고 학기 말 성취율이 40%를 넘겨야 4학점을 취득할 수 있음을 의미한다.

교육부는 고교학점제가 '진로와 적성에 따라 다양한 과목을 선택하는 제도'이며 '선택과 자유를 통해 학습자의 다양성을 지원한다'고 주장한다. 과연 이 설명은 사실일까?

'진로와 적성'에 따라 과목을 선택한다?

고교학점제에서 진로와 적성은 '입시에 유리한 분야'라는 뜻과

● 학교마다 다르나 일반적으로 한 과목은 4학점으로 편성된다. 이 경우 선택해야 하는 과목은 20과목이다. (4학점 X 20개 = 80학점)

유사하다. 각 대학은 학생부종합전형(학종)으로 지원할 학생들에게 '이 학과에 오려면 이런 과목을 들어야 한다'는 '(필수) 권장 과목'을 안내한다. 예를 들어 기계공학과에 지원하려면 고등학교에서 '물리학'을 이수하는 편이 좋다는 식이다. 이런 기준은 학교 현장에서 수시 전형 지원의 가이드 라인 구실을 한다. 실제로 물리학을 듣지 않은 채 기계공학과에 지원하면, 물리학을 이수한 학생보다 진로 적합성이 떨어진다고 평가될 수 있는 것이다.

그런데 지난 일 년간 교육과정 업무를 맡으면서 '이 학과에 지원하려면 어떤 과목을 이수해야 하는가'라는 민원 전화를 받은 적은 없다. 가장 많이 받는 질문은 "내년도 특정 과목의 수강 인원이 몇 명이냐"는 것이다. 가령 '화학' 과목을 선택한 인원이 33명이라면, 1등급은 1명에 불과하다.* 실제로 한 학부모는 수강 인원이 적은 화학 과목에서 자녀를 빼내기 위해 여러 번 전화를 하고 결국 학교에 찾아오기까지 했다.

최종 수강 신청 전에 학생들이 과목을 가장 많이 변경하는 시기는 1학년 1학기, 내신 등급이 나온 이후다. 1학년 때 특정 과목에 흥미가 있어 2학년 과목을 신청했더라도, 해당 과목의 등급이 잘 나오지 않으면 그 과목을 선택하지 않는 것이다. 결

● 2022 개정 교육과정은 2015 교육과정과 달리 내신 성적을 5등급으로 산출한다. 경쟁이 다소 완화되었더라도 이 같은 민원 전화는 끝없이 걸려올 것이 분명하다.

국 많은 학생과 학부모가 진로·적성을 생각하면서도 나중에 받게 될 최종 성적, 즉 '석차와 등급'을 '진로와 적성'보다 우선순위로 놓는다.

또한 고교학점제에는 각종 '학교 밖 교육과정(공동 교육과정)'이 난무한다. 단위 학교에서 인원이 부족하거나 담당 교사가 없어 개설되지 않은 과목을 교육청이 대신 개설해주는 제도인데, '경쟁'이라는 관점에서 보면 더 많은 과목을 듣는 것은 곧 더 많은 '무기'를 장착하는 것과 같다. 예컨대 의대나 약학 계열 진학을 목표로 '화학'을 듣고 싶지만, 학교에서 개설되지 않았거나 혹은 수강하지 못한 경우 '학교 밖 교육과정'으로 수강할 수 있다. 이 경우 석차와 내신 등급이 산출되지 않고 성취도만 기록된다. 그래서 '학교 밖 교육과정으로 화학을 듣고, 성적 부담 없이 과목 이수 기록만 확보하자'는 학생들이 있다. 어떻게든 경쟁에서 유리한 고지를 차지하겠다는 것이다.

이공·자연 계열을 희망하는 학생들은 수학 교과에서 '미적분'을 주로 수강하는데 최근 들어 '학교 밖 교육과정'의 '확률과 통계', '기하' 과목을 경쟁적으로 수강하는 기현상도 나타난다. 이유는 역시나 수학 과목을 많이 들을수록 입시에 유리하다는 판단 때문이다. 결국 학교 현장에는 입시에 유리한 과목을 얼마나 많이 듣느냐가 입시의 성공을 좌우한다는 인식이 퍼지고 있다. 이를 순수한 진로·적성 탐색이라 부를 수 있을까?

고교학점제에서 완전한 선택과 자유는 애초부터 불가능하다. 실제로는 '버려지는 과목'이 대다수다. 풍성한 메뉴판이 있지만 주문이 가능한 과목은 극히 제한적이며 주로 수능과 연계되는 과목만 선택된다. 소설 '보편 교양'에 등장하는 '고전 읽기'는 수능 과목이 아니다. 그러면 일선 학교의 학생들은 왜 이 과목을 선택할까? 수업 시간에 실제 고전을 읽지 않고 'EBS 교재'에 나오는 '문학 작품'을 공부한다고 학생들에게 사전에 공지하기 때문이다.

그런데 교육부나 교육청에서는 '실제로 고전을 다루는 '고전 읽기' 수업 사례'를 찾아 헤맨다. 그다음 이 특수한 수업 사례를 일반적인 수업 사례인 것마냥 포장해 홍보한다. 해당 수업의 수강생들은 정말 '고전'을 읽고 싶어서 선택한 학생이 된다. 그러나 그 안에 잠자는 학생들은 절대 드러내지 않는다. 이렇게 포장된 '성공 사례'가 일선 학교에 배포되는 것이다.

결국 '진로 선택 과목' 자체가 허상에 가깝다는 것을 한 논문에 실린 어느 교사의 인터뷰가 단적으로 보여준다.

학생들의 질문이 과거에는 '문과, 이과 중에 어떤 게 대학 가는 데 유리해요'였다면 지금은 '어떤 과목 선택하는 게 대학 가는 데 유리해요'로, 좀 더 정교하게 변했을 뿐이다. 고등학교에서는 "실패와 방황을 허락"하는 진로 지도가 더 요구되나, E교사가 보기에 고교학점제는 오히려 진로 탐색을 허용하지 않고 학생 선택권이라는 미명 아래 "과목을 선택한다는 감각"만을 제공하고 있다.●

또한 지역 간 불평등은 애초에 선택권을 제한한다. 예를 들어 일본어 교사가 한 명뿐인 학교에서 2학년 학생들이 모두 일본어 I을 선택해 주당 2시간씩 수업을 듣는다고 치자. 8반이라면 일본어 교사의 주당 수업 시수는 16시간이다. 그런데 3학년에서 일본어 II(4학점) 수업이 한 반 개설된다면 해당 교사에게만 주당 20시간의 수업을 배정해야 하는데, 이는 다른 교원과의 형평성, 고등학교 교원의 평균 수업 시수 등을 고려할 때 불가능하다. 결국 시간강사를 구하거나 다른 학교 교사가 순회하며 가르쳐야 한다.

하지만 부산 같은 대도시에서도 강사 확보가 '하늘의 별 따기'다. 하물며 읍·면 지역은 훨씬 더 어렵다. 결국 이런 문제를 피하기 위한 최선책은 '일본어 II'를 신청한 학생들에게 다른 과목을 들으라고 권유하는 것밖에 없다. 강사를 구하지 못하면 과목 자체를 열 수 없으니 이는 불가피하다. 특히 사립학교는

● 안영은 외, 「고교학점제 운영 실태 분석 : 서울 지역을 중심으로」, 한국교육 50(1), 1–25, 2023.

공립학교와 달리 교원 수급을 조정하는 것이 어렵다. 결과적으로 교과 교사의 정원을 그대로 유지하기 위해 학생들에게 특정 과목을 선택할 것을 강제하게 된다. 그렇다고 해서 이들 학교가 고교학점제를 파행적으로 운용한다고 비판할 수 있을까?

학습량 감축이 학습 부담을 줄인다?

2022 개정 교육과정은 학습량 감축을 내세운다. 학생들의 총 이수 학점은 192학점으로 예전에 비해 다소 줄어들었다. 학점을 줄이면 어떤 일이 벌어질까? 바로 '공강'이 발생한다. 대학교 시간표처럼 오전 9시 수업과 오후 5시 수업만 있으면 그 사이가 비는 것이다. 192학점을 6학기로 나누면 한 학기에 32학점이고, 학교에서는 주당 최대 35시간을 편성할 수 있으니 빈 시간이 생길 수밖에 없다.

학습량을 줄였으니 이 시간에는 학생이 공부 외의 다른 활동을 하도록 하거나 하교해도 될 것 같은데 현실은 그렇지 않다. 교육부와 교육청은 애초에 공강 시간에 하교를 허용하지 말고 '유의미한 시간'으로 운영하라는 방침을 내놨다. 결국 '공강'을 또 다른 학습으로 채우려는 시도가 곳곳에서 벌어진다. 예를 들어 부산시교육청은 내년부터 '온라인 학교'를 운영한다. 일과 시간 중 원격 수업을 통해 추가로 과목을 이수할 수 있게 하겠다는 것이다. 우리 학교는 3학년에 4시간 공강이 생겼는데, 그 시간에 '온라인 학교' 수업을 듣겠다고 신청한 학생만 30명이 넘는다. 끝없는 과목 이수 경쟁이 벌어지는 것이다.

　더 큰 문제는 1학점을 이수하려면 16주가 필요한데, 보통 한 학기는 18주로 편성되므로 남는 2주 동안 무엇을 할 것인가다. 일부 학교에서는 이 기간에 '미니 과목'을 운영한다. 학기가 사실상 끝난 뒤에도 쉬지 않고 과목을 개설해서 생기부를 더 채우려는 학교가 있다는 소식이 곳곳에서 들린다. 특히 입시 경쟁이 치열한 학교일수록, 모든 교사가 미니 과목을 개설해 학생들에게 수강을 '권유'하고, 생기부의 세부능력 및 특기사항을 채우게 만든다고 한다. 학습량을 줄이겠다는 고교학점제의 취지가 그저 허울에 불과한 셈이다. 이처럼 허술한 자유와 선택의 논리는 학교 간 경쟁을 가속화하고 있다.

신자유주의 논리에 밀려나는 교사들

고교학점제는 신자유주의 기조의 5. 31 교육개혁안 연장선에서 작동한다. 학생들의 '선택'이 곧 과목 수업과 교사의 '공급'으로 이어지는 구조 속에서 선택받지 못한 과목의 교사는 생존의 위협을 느낄 수밖에 없으며, 결국 이들은 자신의 과목을 '상품'처럼 홍보하고 마케팅해야 하는 상황에 놓인다. 마치 진열대 위에 올라온 인기 상품만 눈에 띄고 아래에 놓인 상품은 먼지 쌓인 채 방치되듯이, 입시 경쟁 논리에 부합하지 않는 과목과 교사는 소외되기 마련이다. 따라서 교사들은 시대가 요구하는 수요를 반영해 수업 내용을 '아름답게 포장해야 한다'는 압박을 받는다. 학생들의 선택 앞에서 많은 교사가 불안정한 상황을 경험하며 좌절하게 된다.

일반적으로 공동 교육과정 수업을 맡은 교사는 다음 해 많은 학생의 선택을 받지 못하면 근무 지역을 옮겨야 하는 불안정한 상황에 놓인다. "차라리 능력대로면 덜 억울할" 텐데, E교사는 억지로 맡게 된 공동 교육과정의 수업으로 인해 자신의 능력과 상관없이 내년에 어떻게 될지 모르는 본인 위치의 불안정성에 좌절했다.●

무엇보다 소위 고교학점제는 교사를 갈아 넣는 구조다. 학생의 자유와 선택을 위해 교사의 끝없는 노동이 뒷받침되어야 한다. OECD 국가 중 압도적으로 많은 행정 업무를 하는 한국 교사의 위치를 생각할 때 교사 본연의 업무인 '수업과 평가'는 날이 갈수록 뒷전이 되고 있다.●● 부산의 경우 '교육과정'을 담당

● 김시은 외, 「고교학점제 정책에 대한 교사들의 해석」, 한국교원교육연구 40(4), 25-53, 2023.

●● 한치원, "우리나라 교사 업무 OECD 2위… 주기·반복적 업무 학교지원센터로 이관해야", 《에듀인뉴스》, 2020년 7월 28일.

하는 교사에게 6시간의 수업을 줄여준다. 제도의 본래 취지를 곡해하는 것일 수 있으나, '수업' 대신 '행정 업무'를 더 많이 하는 상황에서 자괴감을 느낄 때가 많았다. 고교학점제 도입 이후 교사의 행정 업무가 더 늘어났다는 인식 또한 보편적이다.[●] 교사의 역할에 대해 근본적인 의문이 들 수밖에 없다.

고교학점제의 미래는

성급하게 시행되는 고교학점제는 안타깝게도 지금 형태로 당분간 지속될 것으로 보인다. 결국 입시와 경쟁이라는 한국 교육의 태생적 한계에 눈을 감고 '선택과 자유'의 가면을 쓴 '획일과 강제'로 교육공동체의 부담 또한 증가할 것이다. 사회는 청소년들에게 더 빨리 진로와 적성, 아니 학과와 직업을 선택하라고 압박한다. 학교는 이런 사회적 요구에 따라 고민과 방황을 허락하지 않는 빡빡한 일정을 학생과 학부모에게 강요할 것이다. 학생과 학부모는 뒤처질까봐 불안감을 느끼며 사교육에 의존하거나 자신의 요구를 수용하지 않는 학교를 향해 날선 언어를 내뱉을 것이다. 단순 경제 논리로 계속해서 줄어드는 교원들은 늘어나는 수업과 업무 부담에 허덕일 것이다. 이 과

● 이지민, "고교학점제로 업무 과중⋯ 대입제도와도 배치, 교사들 차질 우려",《에듀진》, 2025년 1월 15일.

정에서 학생과 학부모의 선택을 받기 위한 학교 간 경쟁은 더욱 가속화될 것이다.

치열한 생존의 무대에서 살아남을 최대 수혜자는 언제나 그랬듯 일찌감치 '희망 직업'을 선택해 좌우를 돌아보지 않고 질주하는 상위권 아이들이 될 테다. 교육이라면 그 어떤 투자도 아끼지 않는 학부모들은 이들에게 끝없이 연료를 주입할 것이다. 앞서가는 학생과 학부모들을 보며 불안감을 느낀 수요자들의 공포를 먹이로 '교육과정 컨설팅'이라는 새로운 사교육 시장은 덩치를 불려 나갈 것이다.

이런 우려가 현실화되지 않으려면 주변 환경을 일관성 있게 다시 짜맞추어야 한다. 우선 내신 등급 체제를 상대평가가 아닌 절대평가제로 바꾸어 학생들의 과목 선택 기준이 '석차와 등급'이 아닌 '관심사와 흥미'가 되도록 해야 한다. 또한 고등학교까지의 교육을 보편 교육의 관점에서 접근해 선택 과목의 비중을 지금보다 낮춰야 한다. 이는 고교학점제를 운영 중인 다른 국가에서 필수 이수 학점 비중이 한국보다 더 높다는 점을 고려할 때도 타당하다.●

이에 발맞추어 대학교 또한 1학년에 무전공 입학, 자유전공 학부 선발 비중을 높여 진로 설계 과정에서 고민과 방황의 시

● 김대영 외, 「고교학점에 대한 국제비교 연구」, 한국교육학연구 25(3), 2019, 1-27pp.

간을 허락해야 한다. 마지막으로 문재인 정부에서 확대한 상위권 대학의 수능 반영 비율 40%를 반드시 줄여 지나친 수능 위주 과목 선택이 되지 않도록 해야 한다. 고교학점제 정책의 본격 도입을 미룰 수 있다면 더욱 좋을 것이다.

이같은 우려와 비판, 개편 방안은 그동안 여러 측면에서 많이 제기되었지만 별다른 수렴 없이 제도의 시행을 앞두고 있다. 현장 교사 입장에서 현재의 고교학점제가 '빛 좋은 개살구'라고 여겨지는 이유다. 윤기가 번지르르하지만 실제로는 떫고 신맛만 가득하다. 진로와 적성, 선택과 자유라는 껍질 속에 한국 교육이 오랫동안 은폐한 본질이 그대로 고여 있다.🐾

학교라는 이름의
잡화점

이 재 남

광주평동초등학교 교장. 2022년부터 2년 동안
전국시도교육감협의회 정책과장을 맡았다.

동네에는 의원급 병원이 있다. 감기 같은 간단한 병증을 넘어서 종합적인 치료에 대한 요구가 많아지자, 종합병원을 개원했다. 그 안에는 내과, 외과, 정형외과, 비뇨기과 등 전문화된 진료과목이 체계적으로 구축되어 누구든지 편하게 진료를 받을 수 있다.

대표적인 공공서비스인 학교교육도 마찬가지다. 오늘날의 학교에는 단순한 교육과정 실행을 넘어 보다 다양한 사회적 책무가 요구되고 있다. 첫 번째로 요구되는 것이 복지 공간으로서의 기능이다. 소위 교육복지 정책이 학교에 전면적으로 도입되면서 무상급식을 시작으로 돌봄, 아동학대 예방, 방과후 활동, 취약가정의 지역사회 연계 복지, 다문화교육 등이 중요한 학교 기능으로 편입되었다. 둘째는 학교 공간의 지역화이다. 교실, 체육관, 급식실, 도서관, 주차장 같은 학교 공간을 지역사회의 공적 자원으로 재구조화할 것을 강하게 요구받고 있다. 세 번째로는 교육과정의 다양화, 전문화, 체험 중심으로의 변화다. 상담심리나 보건의료는 물론 AI디지털 교육, 사회범죄 예방, 체험학습 운영 등 다양한 사회적 요구가 학교 교육과정에 들어오고 있다.

이렇듯 폭증하는 학교교육에 대한 사회적 요구를 감당하기 위한 역대 정부들의 응전 방식은 공교육의 외주화와 비정규직 인력의 양산이었다. 한마디로 오늘날 학교의 외형은 종합병원의 모습을 갖추고 있으나 안을 들여다보면 부실하기 짝이 없는 땜질식 조직 운영으로 점철되어 있다.

전시성 정책의 착륙지

기본적으로 사범대와 교육대를 졸업한 교사들을 중심으로 구성된 학교는 교육과정을 실행하는 공간으로, 본디 복지 등의 행정인력이 없다. 그런데 행정인력의 보충 없이 정책만 쏟아부으니, 기형적인 학교 형태가 만들어지기 시작했다. 정권이 바뀔 때마다, 국민의 피부에 가장 잘 와닿는다는 명분으로 교육, 즉 학교가 주목의 대상이 되었다. 노무현 정부에선 '교육복지'가 전면 도입되고, 문재인 정부에선 '학교공간의 재구조화'가 주요 교육정책으로 등장하는 식이다.

　윤석열 정부 들어서는 '돌봄'에 강력한 드라이브가 걸렸다. 대통령과 장관들이 '늘봄학교'라는 이름의 돌봄교실을 찾아다니면서 학교에서 아이들을 저녁까지 무상으로 돌봐주겠다며 대국민 홍보를 했다. 유치원생부터 초등 6학년생을 저녁까지 학교에서 책임지겠다는 이 정부의 정책을 반드시 성공시켜야 한다며 교육부는 많은 난관을 무시하고, 학교에 늘봄전일제를 구겨넣었다. 그 결과 학교에는 과거의 교무실, 행정실로 대변되는 행정 구조에 더해 늘봄지원실이 신설되었다. 각 학교에선 늘봄지원실장, 늘봄연구사를 선발하고 실무 인력을 보충했다.

그러나 내막을 들여다보면, 늘봄연구사 직책은 2년 임기의 한시적인 인력으로 기존의 교원 승진 체계나 전문직 생태계에 심각한 혼란을 야기하고 있다. 정규 교원도 부족한데 교원의 일부를 늘봄연구사로 전환한 것은 소위 '복지부장'이란 직위를 이름만 바꿔서 관리 체제를 강화하는 듯한 착시 효과를 노린 정책이다. 교육행정 관계자들은 완강하게 저항했다. 복지행정에 대한 근본적인 대책 없이, 기존 시스템에 새로운 역할을 얹는 정책의 무책임성을 문제 삼은 것이다. 늘봄지원실 또한 운영 양상에 따라 기존 직종 간의 갈등이 증폭되고 불안정한 땜질식 인력으로 구성되었다.

실제 학교 현장에서는 이번 3월부터 도입될 이 늘봄지원실 체계에 대한 우려가 크다. 기존의 관리직도, 전문직도, 교원도 아닌 이 직위가 실질적으로 늘봄지원 체계를 전문화, 안정화할 수 있을지 의문이다. 갑자기 유치원부터 초등 6학년까지 전교생을 늘봄 체제로 편입하라는 이 무리한 방식에는 상당한 고통이 동반될 것이다.

이런 정책이 새로운 일자리를 창출하고 저출산 대책이나 복지정책이 될 것처럼 보이지만, 실은 빛 좋은 개살구일 뿐이다.

양질의 교육과정을 운영하는 공간이어야 하는 학교가 점점 값 싸게 복지를 소비하는 전시장 같은 공간이 되고 있다. 요구되는 시대적 아젠다를 따라가기 급급한 현실에서, 학교에는 보여주기식의 소비적 복지가 무성해지고 있다.

일만 터지면 비정규직을 쏟아붓는 학교

2011년 학교폭력을 겪은 중학생이 자살하는 사건을 계기로 학교의 생활교육에 대한 사회적 불신이 증폭되었다. 그 후 「학교폭력예방 및 대책에 관한 법률」이 제정되었는데, 결과적으로 이는 학교 사법화의 도화선이 되었다. 현재 학교에서 학교폭력을 다루는 방식은 형사소추 과정과 거의 같다. 특히 윤석열 정부에서 학교폭력 전담조사관 제도를 도입하면서 전담조사(수사)에서 학교폭력대책심의위원회(재판)로 이어지는 사법화가 완성되었다.

　문제는 이런 접근 방식이 교육적인 자생력을 갉아먹고 있으며 구성원들의 갈등을 해결하는 방식 또한 학교경찰관 운영처럼 외주화, 사법화되고 있다는 점이다. 교육을 법의 관점에서 접근하면 매우 단순명쾌하게 보인다. 2년 전 서이초 교사가 사망하는 사건이 발생했을 때, 교사들의 분노를 접한 법률가들의 접근 방식은, 강력한 '처벌의 시스템화'였다. 이에 대한 모든 논의는 처벌의 기준을 정하는 것과 양형을 부과하는 프로세스에만 집중하게 되었다. 그 결과 학부모라는 매우 중요한 교육적 협력자에겐 '가해자'라는 낙인 효과가 발생했고, 교권의 본질은 교육과정으로부터 이탈하여 독자적이고 근본적인 권리처럼 비춰지고 있다. 하지만 교육 없이 교권 없고, 학생 없이는 교권도 없다. 모든 것을 법의 잣대로 보면, 사막과 같은 의무의 황폐화만 남는다.

학교폭력은 성장 과정에서 타인과의 관계 설정 방식을 배워가는 한 양상으로 볼 수 있다. 갈등을 해결하는 과정을 통해 배움을 얻는다. 하지만 교사들은 이제 점점 생활교육의 중요한 요소인 학교폭력에 관여하지 않으려 한다. 조금이라도 절차의 오류가 발생하면 훗날 청문회에 불려가거나, 행정소송 등의 증인으로 출석하는 등 복잡한 일에 얽히기 때문이다. 이미 심리적으로는 학교폭력이 교사 본연의 업무가 아닌 것으로 정리되고 있다.

사회적 문제가 발생할 때마다, 정부가 바뀔 때마다, 새로운 정책이 만들어질 때마다, 학교에 필요한 인력들이 비정규직으로 채워진 결과, 현재 대한민국 학교에는 소위 공무직●이라는

● 학교 안의 공무직들은 영양사, 교육복지사, 교육실무원, 돌봄전담사, 임상심리사, 전문상담사, 취업지원관, 특수교육실무원, 행정실무사, 치료사/간호사, 기관사업전담사 등등 셀 수가 없다. 지금도 교육청별로 새로운 인력이 계약되고, 직종이 신설되고 있을지 모른다.

이름으로 30여 개 직종의 20여 만 명이 근무하고 있다. 근무 형태에 따라 단시간, 초단시간, 대체계약직, 봉사직, 임명직, 소수 직종 등으로 나뉘는데 어림잡아도 학교의 비정규직 비율은 교사 대비 30~50%에 이르고 있다.

문제는 이 비정규직에 대한 관리를 소관부처인 교육부가 손을 놓고 있다는 것이다. 임금 등 이들에 대한 예산 문제를 모두 지역교육청에 맡겨놓고 있지만, 국민의 직접선택을 받아야 하는 교육감의 입장에서 인원 수와 인건비 통제는 불가능하다. 정부가 나서서 인원을 조정하고 인건비를 교섭하는 등 체제를 구축하지 않으면 점점 늘어나는 비정규직의 폭증은 가속화할 것이다.

이런 학교의 변화는 정책의 총론적 측면에서는 긍정적으로 평가할 부분도 있다. 시대의 변화에 따라 필요한 내용을 학교에 과감하게 투입하고, 전문화된 정규직 인력을 통해 국가 일자리를 창출하고, 복지국가의 베이스가 될 수 있는 체제를 만들어 볼 수 있다. 이는 '대학까지 무상책임교육을 국가가 실현해야 한다'는 복지국가론의 강력한 축으로 교육이 자리매김할 수 있는 측면을 말한다. 그러나 각론으로 들어가면, 교육복지에 대한 사회적 합의 없이 땜질식으로 도입되고 있다. 선거의 득표 효과를 노리면서 정권마다 비정규 인력만 양산하는 전시성, 소비성 정책이 확산되고 있는 것이 안타까운 현실이다.

최근 제기되고 있는 교육복지, 학교공간 지역화, 교육과정 전문화의 요구는 지금의 학교체제로 대응하기에는 벅차다. 정규 교원은 계속 감소하고 있고 기간제교사나 강사가 늘어나고 있으며, 행정인력도 증원되지 않고 있다. AI디지털 리터러시 교육이나, 다문화교육, 기초학력 책임 교육, 체험중심의 교육과정, 심리건강 관리, 독서교육, 특수교육 등을 제대로 수행하기 위해서는 전문화된 교사가 절대적으로 필요하지만, 이 또한 어김없이 비정규 공무직으로 대체되고 있다. 이런 와중에 급속히 늘어나는 '기초학력 부족 학생'을 지도할 교사는 매년 3천 명씩 줄이고 있다.

이런 상황에서 전 세계를 무대로 활약할 미래 세대를 교육한다는 언사는 사탕발림일 뿐이다. 교육 관계자들은 이러한 압력으로부터 벗어나기 위해, 궁여지책으로 지자체나 전문기관으로 외주화하는 선택을 할 수밖에 없다. 기재부 등 국가 예산을 다루는 부처에서는, 학생 수 대비 교원 수만 계산하고 있다. 실제 한 명의 학생을 교육하기 위해 왜 사회적 자원이 총동원되어야 하는지, 출발점을 평등하게 하는 것이 왜 장기적으로 사회적 비용을 줄이는 것인지에 대한 이해가 부족하기 때문이다. 교육에 대한 이해가 해방 이후 운동장에 천막 치고 80여 명이

한 교실에서 공부하던 시절에 멈춰 있다.

저출생 문제를 완화하고 국제적으로 국수주의가 준동하고 인종과 이념 등 사회 갈등이 증폭되는 작금의 환경을 돌파하기 위해서는, 다양성과 개성이 존중되는 '질문이 있는 교실, 행복한 학교'에 대한 깊은 이해와 실천이 필요하다. 경제와 소비, 효율과 관리 프로세스만 강조되는 학교는 재앙이다.

이 한복판에서 교육을 담당하고 있는 자로서, 학교란 무엇이고 교육이란 무엇인가를 물을 수밖에 없는 착잡한 나날이다. 오늘날의 학교는 정부의 전시성, 소비성 정책을 위한 하치장이 되어가고 있다. 싼 값에 온갖 것들을 판매하는 '다이소'를 닮아가고 있다고 말하면 지나친 표현일까. 지금이야말로 교육체제와 학교체제를 미래지향적으로 변화시키기 위한 특단의 대책이 필요한 시기다. ◢

비대해진 자아와
권리 중독 사회

하 나 라

13년 차 아동 분야 종사자이자 다음 세대에게 조금 더
건강한 사회를 물려주고 싶은 사회인이다.

첫 조카가 생겼다. 스스로 할 수 있는 게 없는 이 생명체는 시시
때때로 울음을 통해 불편한 감정을 표현한다. 배고플 때, 아플
때, 졸릴 때, 우렁찬 울음소리를 내면 양육자는 서둘러 상태를
파악하고 아이의 생존에 필요한 모든 것을 공급한다. 불편함이
라는 감정은 탄생의 순간부터 우리와 함께한다. 그리고 우리를
생존하게 한다.

불편함은 한 인간의 생존뿐 아니라 사회의 발전에도 중요한
역할을 해왔다. 석기에서 청동기, 다시 철기로의 발전은 모두
기존의 도구에 대한 불편함을 개선하기 위해 새로운 도구를 개
발한 데서 시작되었다. 작은 주먹도끼에 불편함을 느끼지 못했
다면, 부서져 버리는 돌의 강도에 불편함을 느끼지 않았다면
인류는 새로운 도구, 새로운 물질을 찾아 헤매는 수고를 하지
않았을 테고 그대로 정체되었을 것이다.

민주주의 발전 역시 기존의 사회질서에 대한 불편함에서 시
작되었다. 봉건제라는 사회제도, 착취적인 경제구조, 차별적인
대우에 불편함을 표현한 이들에 의해 인류는 보다 자유롭고 평
등한 제도와 문화를 만들 수 있었다. 최근 코미디 프로에서 재
현된 1990년대 직장 생활에는 담배 연기 자욱한 사무실, 노골
적인 성차별과 성희롱 등 지금으로서는 상상하기 힘든 모습이

그려졌다. 이런 모습이 30여 년 만에 자취를 감춘 것도, 윗세대의 관습에 불편함을 느낀 후세대들이 문제점을 하나씩 바꾸어 나간 덕분일 것이다. 불편함은 인간을 생존하게 하는 필수적인 감정이고, 사회의 발전을 가능케 하는 고마운 존재다.

하지만 불편함이라는 감정을 잘 다루지 못할 때, 이는 개인과 사회에 파괴적인 결과를 가져오기도 한다. 최근 '프로 불편러'라는 말이 생겨날 만큼 불편을 토로하는 이들이 늘고 있다. 시끄러우니까 출동할 때 소방차 사이렌을 끄라고 민원을 넣는 시민, 경비원이 경비실에서 계속 에어컨을 트는 게 불편하다는 아파트 주민, 자녀의 담임교사가 SNS를 하는 게 못마땅하다는 학부모 등 불편함의 사유는 점점 사소해지고, 수위는 점점 높아져가는 듯하다. 최근엔 교사들이 학부모의 지나친 민원에 시달리다 생을 마감하는 사건도 몇 차례 일어났다. 학부모들은 자신의 불편한 감정을 토해내는 데서 그치지 않았다. 교육청과 경찰에 아동학대 등의 사유로 신고하며 자신들의 불편함을 해소하고자 했고, 그 결과 교사들의 삶은 무너졌으며 이는 같은 아픔을 겪은 이들에게 연쇄작용을 일으켰다.

모든 사람의 생각은 다르고, 그로 인한 차이는 당연히 불편함을 불러온다. 사람마다 상황을 인지하고 해석하는 방식이 다른 것을 가장 크게 느낀 것은 신혼 초였다. 익숙한 이와의 낯선 동거는 설렘과 긴장, 그리고 약간의 불편함을 초래했다. 불편함을 느끼는 부분도, 느끼는 강도도 각자 달랐지만 불편함을 표현하는 정도도 달랐다. 한 사람은 불편함을 느끼면 바로바로 표현했고, 한 사람은 그냥 가볍게 넘겨버렸다. 이 차이로 결국 말다툼을 하게 된 날, 불편함이라는 감정에 대해 많은 생각을 하게 되었다. 누구나 불편함을 느끼지만, 일상생활에서 특히나 자주 불편한 감정에 휩싸이는 사람들이 있다. 왜 그럴까.

현대인들의 자아 비대

사람들은 흔히 자아존중감이 낮은 사람들이 피해의식에 사로잡혀 인지 왜곡을 많이 겪는다는 것을 알고 있다. 하지만 반대로 지나치게 커져버린 자아를 가진 사람 또한 비슷한 어려움을 겪는다. '스스로에 대한 판단이 지나치게 높은' 자아 비대 상태의 사람은 낮은 자아존중감을 지닌 사람과 마찬가지로 위험하다. 자신을 가장 특별한 존재로 인식하고 있기에 어딜 가나 최고의 대접을 받기를 원하고, 그 기대보다 조금이라도 낮은 대우를 받았을 때 크게 분노한다. 자아존중감이 낮은 사람들이 자신을 공격하는 것에 비해, 비대한 자아를 가진 사람은 분노의 방향이 타인에게로 향한다. 비대한 자아가 더 파괴적인 이유다.

한동안 SNS를 뜨겁게 달군 표현이 있었다. '내 아들 손이 친구 뺨에 맞았다.' 대전의 한 초등학교 교사를 수년간 괴롭혀온 학부모가 문제의 시발점이 되었던 교실 내 사건을 묘사하며 쓴 표현이다. 뺨을 맞은 건 아들의 친구인데 마치 아들이 피해자인 듯한 뉘앙스의 묘사였다. 비대한 자아를 가진 사람들은 모든 상황을 자기중심으로 해석한다. 그래서 때로는 엉뚱한 피해 의식에 사로잡히기도 하고, 다른 사람들의 상황과 기분을 전혀 생각하지 않는 안하무인의 태도를 보이기도 한다.

주변에서는 자아가 비대해져 스스로 고통받는 사람들을 어렵지 않게 만날 수 있다. 내 곁을 짧고 굵게 스쳐 지나간 직장동료도 그랬다. 자신과 친하지 않은 직원들을 NPC(플레이하지 않는 게임 캐릭터로 '의미 없는 사람'을 뜻함)로 명명하던 그 직원은 자아 비대의 전형이었다.

그는 상사의 업무지시를 '참견'으로, 기획안에 대한 피드백을 '업무 침해'로 여겼다. 그리고 상사의 이러한 참견과 업무 침해는 모두 자신이 관리자에게 인정받는 것에 대한 질투심에서 나온 것이라고 말하고 다녔다. 다른 직원들이 그와 거리를 두는 건 당연한 결과였다. 동료들이 공감해주지 않자 그는 여러 번 관리자들을 찾아가 자신이 나쁜 상사로 인해 피해를 보고 있다고 호소했다. 중요한 관리자 회의에 난입해 자기 이야기를 들어달라며 막무가내로 요구하기까지 했다. 결국 그 직원은 계속해서 갈등 상황을 빚다가 스스로 견디지 못하고 퇴사했다.

인간은 누구나 자기중심적일 수밖에 없고, 자신을 사랑하는 것은 당연하고도 매우 중요한 일이다. 하지만 때론 우리 사회가 자아를 지나치게 부풀리도록 부추긴다는 생각이 든다. 베스트셀러에 빠지지 않고 등장하는 주제가 바로 '나'다. '나를 사랑하자', '내가 진정 원하는 것' 등등 '나'에 대한 다양한 메시지는 삭막한 세상에서 위로가 되지만 가끔은 위험하다는 생각이 들기도 한다. '나'에 집중된 메시지들이 자칫 지나친 자기중심성을 부추기고 합리화하는 수단이 되는 것 같아서다.

어느 예능 프로그램에서 아동심리 분야 교수가 부모의 잘못된 '마음 읽어주기' 양육이 아이들을 망친다는 이야기를 한 적이 있다. 훈육이 필요한 상황에서 마음만 읽어주고 그치게 되면 아이는 '내 마음이 이러니깐 이렇게 행동해도 돼'라고 합리화하게 된다는 이야기였다. 나에게만 집중할 때 자아는 비대해지고 저울은 망가진다. 나와 타인, 나와 사회, 나와 도덕 사이에 망가진 저울은 항상 한쪽으로만 기울어진다.

자아 비대와 권리 중독이 만나

끝내 퇴사한 그 직원은 자신의 행동이 결코 이기적이라 생각하지 않았을 것이다. 그런 업무환경을 요구하는 것이 '상사로부터 참견이나 침해를 받지 않고 일할 수 있는 자신의 권리'라고 생각했을 것이다. 매사에 불편함을 느끼는 이들이 자주 하는 말이 바로 '권리'라는 단어이다.

나도 권리 투쟁에 참여했던 적이 있다. 중학교 2학년 여름방학 숙제였던 헌법 필사는 나에게 권리라는 개념을 깨우쳐준 중요한 계기였다. 고문일 줄 알았던 필사 숙제는 나에게 여러 가지 질문을 던졌다. 그중 가장 오랜 여운을 남긴 질문은 '학생도 대한민국 국민인데 우리는 왜 우리의 권리를 주장하지 못할까?'였다. 그리고 경기도 학생들이 모여 '학생인권조례'를 추진했을 때 나 역시 적극적으로 지지하며 참여했다. 그때만 해도 학교 안에서 교사의 강력한 권위가 살아 있던 때였다. 공공연하게 이루어지던 체벌이란 이름의 폭력과 머리띠 하나도 내 마음대로 착용할 수 없었던 이해할 수 없는 통제 등에서 자유로워지고 한 인간으로서의 권리를 사수하겠다는 강력한 사명감이 있었다.

그 후 10여 년이 흐른 지금, 그토록 강력하고 전제적이던 교사들의 권위가 이토록 추락할 줄은 몰랐다. 심지어 그 변화를 주도했던 당찬 90년대생 중 교사가 된 이들은 교권이 추락한 교육 현장에서 이 역풍을 그대로 맞고 있다. 갑자기 왜 이렇게 된 걸까? 인권이란 건 시소와 같아서 학생의 인권이 신장하면 교사의 가르칠 권리는 추락하는 구조였던 걸까? 학교라는 공간에서 모두 정당한 권리를 누리며 공생하는 것은 그저 유토피아적 발상이었던 것일까?

나는 이 현상이 학생 인권과 교권의 대립이 아니라 '권리에 중독된 사람들의 등장'과 관련이 있다고 생각한다. 우리 사회의 권리 신장 속도는 경제성장 속도와 마찬가지로 매우 빨랐다. 200여 년 전 권리를 위한 투쟁을 시작했던 서구사회와 불과 몇 십 년 전부터 권리를 이해하기 시작한 지금 대한민국의 권리 수준은 크게 다르지 않다. 하지만 빠른 경제성장이 다양한 사회문제를 초래하듯, 빠른 권리의식 성장도 속도를 이기지 못해 다양한 문제를 불러일으켰다.

사람들은 개인의 이익과 관련된 많은 일을 '권리'라는 관점으로 해석하기 시작했다. 소비자는 "내 돈 냈으니깐 내 마음대로 할 권리가 있어"라고 말하고, 자영업자는 "내 가게니까 내 마음대로 운영할 권리가 있어"라며 노(NO) 키즈, 노 학생, 노 노인, 심지어 노 슬리퍼, 노 운동복까지 선언하며 자기 기준에서 영업을 방해하지 않을 이들만 손님으로 받으려 한다.

공무원에 대한 인식은 더 이상 '나랏일 하는 사람'이 아닌 '내 세금으로 월급 받는 사람'으로 굳어졌다. '공무원'이 아니라 '공노비'라는 우스갯소리까지 나오고 있다. 초등학생들이 담임 선생님에게 "우리 부모님이 낸 세금으로 월급 받잖아요" 말하는 것도 어른들의 이런 인식이 그대로 전해진 결과일 것이다.

자아가 비대해진 현실과 더불어 사람들은 '권리'라는 단어를 이용하여 세상을 자신에게 유리하게 해석한다. 저마다 그럴 '권리'가 있다면서 자유롭고 행복할 권리가 있는 나를 불편하게 하는 무언가는 절대로 용납할 수 없다고 주장한다. '내 기분 상해죄'를 저지른 사람은 철저히 단죄해야 한다. 배달 음식을 시킬 때 서비스 요청을 마치 당연한 것을 요구하듯 써두고 서비스가 오지 않으면 '별점 테러'로 응징하는 것이 그 대표적인 예다. 이러한 행태로 피해를 본 자영업자들이 한둘이 아니다. 권리는 '당연히 요구할 수 있는 힘이나 자격'을 의미한다. 나의 기분을 좋게 해주는 서비스는 당연히 요구할 수 있는 권리가 아니다. 감정과 권리를 구분할 수 있는 분별력이 사라지고 권리 요구에만 중독된 것은 아닌지 돌아보게 된다.

내 권리 지키기, 타인의 권리를 지켜주기

얼마 전 누군가에게 "내가 낸 세금이 무상급식에 쓰이는 게 아깝다"는 말을 듣고 한동안 마음이 답답했다. 아이가 없는 입장에서 무상급식이 남의 일처럼 느껴질 수도 있고, 직접적인 혜택을 받지 못하는 정책에 세금이 쓰인다는 게 억울할 수도 있다. 국민으로서 세금이 어떻게 쓰이는지에 대해 의견을 가질 권리는 분명히 있다. 그러나 우리는 태어나면서부터 사회의 혜택을 입으며 살아가고 있다. 누군가의 세금으로 운영되는 공공

의료 시스템의 보호를 받으며 유년 시절을 보냈고, 국가가 고용한 선생님들로부터 무상 의무교육을 받으며 성장했다. 도서관과 공원을 이용하고, 경찰과 소방관의 도움을 받을 수 있는 것도 모두 사회가 공동으로 지탱하는 시스템 덕분이다. 오늘 내가 낸 세금이 남을 위해 쓰인다고 해서 억울해할 일이 아니다. 지금까지 나도 그 혜택을 받아왔고, 미래에는 또 다른 형태로 그 혜택을 받게 될 것이기 때문이다.

권리는 개인이 보장받아야 할 소중한 가치이지만, 그것이 오직 '나'만을 위한 것이 될 때 위험해진다. '돈 냈으니 내 마음대로 할 권리가 있다' 혹은 '내 세금으로 월급 받는 공무원이니까 다 맞춰줘야 한다'는 식으로 권리라는 개념이 '나의 기분을 지켜줄 의무'로 둔갑하며 사회적 관계는 점점 더 삭막해지고 있다. 불편함을 느낄 때마다 즉각적인 해소와 감정적 보상을 요구하는 태도, 개인의 감정적 불편함을 '권리 침해'로 확대 해석하는 태도가 만연해지면, 결국 모두가 불편한 사회가 된다.

유명한 예능 PD가 유튜브에서 가볍게 던진 한마디가 이러한 점을 다시 생각하게 했다. 요즘 유행하는 '탕수육 부먹, 찍먹' 논쟁에 대해 그는 반문했다. "그런 게 뭐가 그리 중요한지 모르겠다. 누가 소스를 부으면 부먹으로 먹고 아니면 찍먹으로 먹으면 되지. 그게 그렇게 어렵고, 해서는 안 되는 일인가?" 여러 사람이 함께 탕수육을 먹을 때, 누군가 말도 없이 소스를 부어

버린다면 불편한 감정이 들 수 있다. 하지만 이 불편함을 해소하겠다고 이 문제에 권리 의식을 대입한다면 '부먹파와 찍먹파의 대립', '찍먹파의 보이콧 선언' 그리고 어쩌면 '관계의 단절'이라는 파국적인 결말에 이를 수도 있다. 결과적으로 잃는 것이 더 많은 선택이다. 권리를 온전히 지키기 위해 필요한 것은 끝없는 요구가 아니라 균형 감각인 것 같다. 불편함을 무조건 참아야 하는 건 아니다. 다만, 나의 권리를 주장하는 것만큼 타인의 권리를 존중할 줄 아는 태도, 사회 전체의 균형을 고민하는 자세가 지금 우리에게 필요하다. ✄

선택이 너희를 자유케 하리라?

현 병 호

《민들레》 발행인 『스스로 서서 서로를 살리는 교육』 『반지성주의보』를 썼고
『소통하는 신체』 『마지막까지 살아남은 사람』 등을 우리말로 옮겼다.

소비자를 기르는 교육

오늘날 우리는 거의 평생을 소비자로 살아간다. 아이들은 세상에 소비자로 등장해 오랫 동안 소비만 하며 살다 서른 즈음 되어서야 노동의 세계에 발을 들여놓는다. 평균수명이 늘어나면서 노동자이기를 그만둔 뒤에도 오랜 기간 소비자로 살아간다. 노동 시간이 줄어드는 데 반해 소비에 들이는 시간과 노력은 늘어나고, 온오프라인의 광고물 홍수에 치이다 보면 소비자라는 신종 노예 계급이 생겨나고 있는 게 아닌지 의심스러울 정도다.

학교 교육과정에는 노동도 소비 과목도 없지만 학교는 아이들을 노동자이자 소비자로 기르는 교육을 충실히 해왔다. 근대화 과정에서는 지각과 결석을 하지 않는 것만으로도 노동자의 중요한 자질은 갖춘 셈이었다. 개근상이 우등상보다 더 가치 있다고 강조되었던 배경이다. 2천년대 들어 '개근 거지'라는 신조어가 생겨난 것은 개근이 더 이상 우리 사회의 덕목이 아님을 말해준다. 성실성보다 창의성이 더 높은 가치로 인정받는 경제 환경이 도덕의 기준과 교육의 패러다임을 바꾸어놓았다.

로봇과 인공지능 기술이 발달하면서 더 이상 인간의 노동력을 필요로 하지 않는 산업구조가 만들어지고 있다. 단순 작업만 기계로 대체되던 시대에서 이제는 창의적인 일도 AI가 대신

하기에 이르렀다. 신기술에서 뒤처진 개인이나 국가는 점점 뒤처지면서 빈익빈부익부 현상이 심화된다. 기술 발전이 가속되는 21세기에 교육은 어떤 모습으로 변화할까. 격차 사회의 격차가 교육으로 인해 더 벌어질 가능성이 높다. 이미 소수의 엘리트와 다수의 소비 대중을 길러내는 교육으로 변화하고 있는 중인지도 모른다.

신자유주의가 등장하고 세계화 바람이 불기 시작하면서 수요자중심의 5.31 교육개혁안이 나오고, 교육행정서비스헌장이 도입되었다. '바이(Buy) 코리아'를 외쳤던 MB 정부 시절에는 학교장이 교무실에 '학부모 소비자 헌장'을 붙여놓고 교사들을 교육시켰다. '대한민국 CEO'를 자처한 대통령을 모시는 '부장님'다운 처신이었다. "학생과 학부모는 소비자이고 학교와 교사는 서비스 제공자로서 소비자를 만족시켜야 한다"는 담론이 퍼지면서 학부모들도 민원인이 되어갔다. 권위적인 학교문화를 바꾸고 교육의 질을 높이려는 취지였겠지만 경제 논리로 접근한 것은 교육의 토대를 허무는 일이었다.

교육과 교육행정이, 학습자중심과 수요자중심 원리가 뒤섞이면서 학교교육이 무너지기 시작했다. 오늘날 학교는 아이들이 등가교환의 경제 원리를 체득하는 곳이 되고 있다. 대가를 지불한 만큼 원하는 것을 얻는 등가교환 시스템은 같은 화폐가치를 갖는 상품이나 서비스를 가치가 같은 것으로 간주한다.

더 나아가 주고받는 사람을 서로 대등한 관계로 만듦으로써 학생이 교사와 맞먹는 상황을 낳는다. '교육 불가능의 시대'라는 말이 나오게 되는 배경이다.

배운다는 것은 뭔가를 증여받는 일이다. 가르침은 선물처럼 주어지는 것이며, 설령 그 대가로 무언가를 내놓는다 할지라도 그것은 가르침에 대한 대가가 아니다. 배움터는 돈을 내고 졸업장을 사서 나오는 곳이 아니라 사람이 바뀌는 곳이다. 세상에는 사고팔 수 없는 것들이 있고, 선물처럼 주어지는 것들이 세상을 지탱하는 원리임을 어렴풋이나마 알게 하는 것이 교육의 역할이다. 감사할 줄 아는 마음을 갖게 하는 것이 인류 사회가 공통으로 추구해온 교육의 근본이었다. 부모에게 스승에게 또는 신에게.

인간은 이 세상에 소비자로 등장하기보다 빚진 자로 등장한다는 것이 삶의 진실에 더 가까울 것이다. 과거와 현재의 수많은 사람들로부터 유형무형의 도움을 받으며 살아가면서 자신의 노동을 통해 세상에 조금이나마 보탬이 된다면 체면치레를 할 수 있을 뿐이다. 인간은 스스로 당당할 수 있는 존재가 아니며 다른 사람들의 도움에 힘입어 가까스로 사람 구실을 하게 된다. 기독교식 표현을 빌어 말하면 우리는 '신의 은총'으로 구원받는다.

근대의 인본주의 세계관은 인간을 신으로부터 해방시켜 스스로 당당할 수 있는 존재로 만들어왔다. '인간이 천부인권을 갖고 태어난다'는 설정이 오늘날 문명국가 헌법 질서의 토대를 이룬다. 개인의 생명권과 재산권을 보호하기 위해 국가를 만든다는 근대적 사고방식이 자본주의와 만나 소비자 주권론으로 나타나게 되었다. 자유주의의 종착지가 소비의 자유인 셈이다. 학문의 전당을 상징하던 '진리가 너희를 자유케 하리라'는 말은 이제 거의 잊혀졌다.

자유주의는 성공할수록 실패한다

오늘날 세계적으로 젊은이들이 우경화하고 극우 세력이 득세하는 것은 경제가 전반적으로 어려워졌기 때문이지만 부모보다 가난한 세대가 등장한 것과 더 밀접한 관련이 있을 것이다. 늙은 부모의 권력이 나이 든 자식을 압도하는 시대에 젊은이들의 선택지는 별로 없다. 정치학자 패트릭 드닌은 자유주의는 성공할수록 실패할 운명을 안고 있다고 말한다.• 재산권을 옹호하고 개인의 자율성을 추구하는 자유주의가 성공할수록 양극화가 심화되고, 개인주의와 국가주의가 나란히 강화되는 본질적 모순을 안고 있기 때문이라는 것이다.

• 패트릭 J. 드닌, 『왜 자유주의는 실패했는가』, 이재만 옮김, 책과함께, 2019.

개인의 자유로운 선택을 보장하는 자유주의 체제에서 갈수록 선택지가 사라지고 어쩔 수 없이 어떤 것을 선택(?)하게 되는 상황이 벌어진다. "내가 뭘 할 수 있겠어. 내 앞가림이나 해야지." 개인주의 시대에 어울릴 법한 독백이다. 관대함을 중시한 리버럴리티 정신을 회복해야 한다고 말하는 이도 있지만● 그것은 신분 사회에서 귀족들에게 요구되는 덕목이었지 민주 사회의 덕목이 되기는 힘들다. 근대를 지탱해온 자유주의 속에 내재된 모순이 신자유주의 시대에 터져 나온 것이라고 보는 것이 맞을 것이다. 자유주의는 금융 자본주의와도 궁합이 잘 맞아 오늘날 돈은 무한 자유를 누리며 초 단위로 지구촌을 돌고 있다.

국가 권력에서도 자유로운 암호화폐는 IT 기술과 세계화의 합작품으로, 디지털로 구현된 자유주의의 분신 같은 존재다. 비트코인은 쓸모가 없기에 그리고 채굴량이 한정되어 있기에 가치가 유지된다. 쓸모가 있으면 더 쓸모 있는 것이 만들어지기 마련이며, 상대적으로 쓸모가 없어진 물건들은 폐기된다. 인간도 쓸모없는 존재가 됨으로써 가치가 유지될 수 있다면 좋겠지만 불행히도 현실은 그렇지 않다. 물리적 수명과 사회적 수명이 반비례한다. 소비 사회에서는 인간도 소비된다. 인간을 자유

● 헬레나 로젠블랫, 『자유주의의 잃어버린 역사』, 김승진 옮김, 니케북스, 2023.

롭게 한다는 자유주의를 추구한 결과 스스로 소모품 신세가 되었으니, 슬픈 아이러니다.

자본주의 경제는 욕망을 긍정하고 합리적인 판단을 하는 인간을 전제로 한다. 하지만 욕망과 이성은 쉽게 폭주하고 빈인빈부익부 현상을 가속시켜 세상을 위태롭게 만든다. 사회주의라는 속도 조절 장치가 필요한 이유다. 20세기 후반 신자유주의가 등장하여 브레이크를 제거하면서 오늘날 자본주의는 무한질주 중이다. 거기에 개인주의가 가세하면서 이제는 모든 것이 선택가능한 것이 되고 있다. 사회의 가치보다 회사의 가치가 앞서는 시대에 사회의 가치를 다시 생각해볼 필요가 있다. 회사는 사라져도 사회는 사라질 수 없기 때문이다. 교육은 회사원을 기르는 것이 아니라 사회인을 기르는 일이다.

선택이 우리를 행복하게 할까

20세기를 지배한 이데올로기인 자유주의와 파시즘, 공산주의 가운데 최후의 승자로 살아남은 것이 자유주의다. 자유주의는 민주정이라는 정치 기술로 사람들을 자유롭게 해주었을 뿐더러, 과학기술의 힘을 빌어 인간을 자연으로부터도 자유롭게 해주었다. 우리를 속박하는 모든 것들로부터 자유롭게 해주겠다는 자유주의의 약속은 성공적으로 이행되어 이제는 성정체성도 각자가 정할 수 있기에 이르렀다. 오랫동안 남과 여로 구분되던 인간의 성정체성은 오늘날 LGBTQIA를 넘어 계속 분화하는 중이다.[●]

"내 외모는 내가 정한다!" 강남의 한 성형외과가 내건 광고 카피다. 성정체성도 자신이 정하는 마당에 외모쯤이야 대수로운 일이 아닐 것이다. 과학과 기술은 우리에게 선택지를 끝없이 늘려주고, 개인의 자율성을 강조하는 자유주의는 사람들에게 '자기책임'을 들이민다. 저마다 자신의 선택에 책임을 져야 한다면서. 이제는 못생긴 것도 가난한 것도 다 자기책임이 되었다. 능력주의를 주장하는 이들은 능력이 노력에 비례한다고 믿으며 그것이 '공정'이라고 말한다. 그 누구도 부모를 선택해서 태어나진 않는다는 사실을 외면한 채.

오늘날 안락사 논쟁은 개인의 선택권이 어디까지 뻗어갈 수 있는지를 보여준다. '존엄사'라는 이름으로 스스로 죽음을 선택하는 행위에 동의하는 이들이 점점 늘어간다. 자연사 또는 자살이라는 전통적인(?) 방법 대신 수천만 원을 들여 '조력 자살'이라는 신종 죽음을 선택하는 행위는 마지막 순간까지 자신의 존엄을 지키고자 하는 '자기애의 끝판왕'처럼 보이기도 한다.

● 레즈비언(Lesbian), 게이(Gay), 양성애자(Bisexual), 트랜스젠더(Transgender), 퀴어(Queer) 또는 질문(Questioning), 간성(Intersex), 무성애(Asexual) 등을 포괄하는 축약어. 최근에는 여기에 P(Pansexual, 범성애자)가 더해졌다.

안락사를 현대 소비 사회가 만들어낸 '명품 죽음 쇼핑'이라고 말한다면 인간의 존엄을 해치는 걸까.

고통을 겪고 골골하며 '모양새가 빠지는' 죽음이라고 해서 존엄하지 않은 죽음은 아닐 것이다. 자연이 모든 생명체에게 부여한 운명에 순응하는 것은 그 모습이 어떠하든 존엄하지 않을까. 사자에게 잡아먹히는 얼룩말의 죽음이 노쇠한 사자의 죽음보다 덜 존엄하지 않듯이, 모든 죽어가는 생명은 그 자체로 존엄하다. 바람과 햇볕 속에 말라죽어가는 들풀처럼 속수무책으로 당하는 죽음일지라도 '어찌할 수 없음'의 필연성에는 아름다움과 존엄함이 깃들어 있다.

안락사를 선택하는 이들 저쪽 편에는 영생을 추구하는 이들이 있다. 불로초를 찾아 헤매던 진시황 시절부터 이어져온 인간의 뿌리 깊은 염원이 마침내 생명공학의 힘을 빌어 실현될 기미가 보이기 시작하면서 죽음조차 선택가능한 것이 되어간다. 물론 그만한 재력이 뒷받침되어야 주어지는 선택권이다. 늙음과 병, 죽음을 거부하고 젊음과 건강을 자유롭게 선택할 수 있게 되면 우리는 더 행복해질까.

선택이 우리를 자유롭게 해주는 듯하지만 사실은 주어진 선택지들 가운데 선택해야 하는 상황에 몰린 것이다. 정답을 고르는 데 익숙한 이들은 자신이 문제의 프레임에 갇혀 있음을 보지 못한다. 노동을 멀리하고 소비를 추구하는 시대이지만, 우리를 인간답게 하는 것은 선택적인 소비 행위가 아니라 자기 앞에 놓인 일을 묵묵히 감당해내는 것이다. 등가교환의 사이클 속에서 무한한 선택권을 누리기보다 증여의 사이클에 기꺼이 구속되기. 부모와 교사는 그런 존재다. 양육과 교육의 결실은 부모와 교사에게 돌아가는 것이 아니라 한 세대를 건너 그 다음 세대, 더 넓게 보면 인류 사회 전체에 돌아간다. 우리 모두 부모와 사회로부터 많은 것을 거저 받으며 자랐듯이 그렇게 증여의 고리가 이어지며 세상이 유지된다.

사회가 지속되려면 시장이 필요하듯 배움터도 반드시 필요하다. 시장에는 시장의 논리가 있고, 배움터에는 배움터의 논리가 있다. 소비자 중심의 시장 원리를 배움터에 적용해서는 안된다. 배움터는 공공 영역으로, 공동체 구성원들의 성숙을 돕는 곳이다. 어른은 누가 알아주든 알아주지 않든 공동체가 지속될 수 있게 제 몫의 일을 기꺼이 감당하는 사람이다. 앞사람의 바톤을 이어받아 해야 할 일을 하고 다음 주자에게 바톤을 넘겨주는 그런 어른들을 보며 아이들도 어른으로 자란다. ◥

내가 명품 패딩 대신
욕망하는 것

이 설 기

《민들레》 편집위원. 지금, 여기의 육아 문화에 관심이 많은 양육자.
『부모 되기, 사람 되기』를 함께 썼고, 『엄마라는 이상한 세계』를 썼다.

명품 패딩은 누가 사는가

 지난해 한 외신은 자녀를 위해 비싼 사치품을 사는 한국 부모들에 주목했다. 낮은 출산율과 핵가족화, 과시욕, 소득 증대 등이 복합적으로 영향을 미쳤다고 분석하며 "한국인은 과시하는 걸 좋아한다"는 한 뷰티 컨설턴트의 발언을 인용했다. 신도시에 사는 김모 씨가 "아이들이 생일파티나 콘서트에 갈 때 초라해 보이지 않길 바란다"며 두 살, 네 살 딸들을 위해 명품 패딩과 드레스, 목걸이를 구입한 사례를 소개하기도 했다.

 사람들이 자신의 지위를 드러내기 위해 특정한 재화를 소비한다는 '과시적 소비'라는 아이디어를 처음 제공한 사람은 경제학자 소스타인 베블런이다. 1899년 베블런은 『유한계급론』을 통해 유한계급®이 자신의 사회적 지위를 과시하기 위해 소비한다는 것을 밝힘으로써, 인간이 합리적 필요에 따라 소비한다는 주류 경제학의 가정을 비판했다. 유한계급은 '재화와 활동의 쓸모없음'을 통해 역설적으로 자신의 사회적 지위를 드러낸다. 지팡이를 사용하거나(손을 써서 노동할 필요가 없는 남자임을 함의) 코르셋을 입고(노동할 필요가 없는 여자임을 함의) 고대어나 수사학 등을 공부하거나 비기능적인 일에 시간을 쓰면서 말이다.

● 생산활동에 종사하지 않고 소유한 재산으로 소비만 하는 계층을 말한다.

베블런에 따르면 수백만 원대 명품 패딩을 사는 이들은 유한 계급임이 틀림없다. 북극에 가는 것도 히말라야 등반을 하는 것도 아닌데 그렇게 비싼 패딩, 뭐 쓸모가 있겠나. 게다가 아이들은 하루가 다르게 쑥쑥 자라는데. 내 주위에는 아무리 둘러봐도 영유아 자녀를 위해 명품 패딩을 사는 이는 없다. "한국에서는 아이들이 명품 패딩을 교복처럼 입는다"는 이 기사가 일부의 이야기를 지나치게 확대해석한 게 아닌가 하는 의심, '신도시맘'이 명품을 좋아하고 허영과 사치에 빠진 여성으로 반복 재현되는 것에 대한 피곤함이 들 수밖에.

하지만 한국인의 피가 흐르는 나 역시 명품 패딩을 사는 사람들의 심리는 짐작할 수 있다. "우리 아이가 가장 돋보여야 하기 때문에" 명품 패딩을 산다고 말하는 사람은 없다. "우리 아이만 안 입으면 기가 죽으니까" 산다고 말할 뿐. 명품을 사본 적도, 살 돈도 없지만 나 역시 먼훗날 십대가 된 아이가 "나만 (고가의 무언가)가 없어!" 하며 나를 원망한다면 당근마켓에 검색어를 입력해볼지 모르겠다. 이런 방식으로 한국인은 '어쩔 수 없음'을 호소하며 과시적 소비 경쟁에 뛰어든다. 베블런의 문제의식은 과소비의 동기가 자본가의 음모나 광고에 의한 세뇌가 아니라 (방어적 동기라 할지라도) 모든 계층의 경쟁적이고 자발적인 참여에 있다는 것을 보여준다. 나 역시 여기서 자유롭지 못하다.

베블런의 시대로부터 100년 이상이 훌쩍 지난 지금, 과시적 소비는 모든 계급에 확대되었다. 대량생산, 마케팅, 보급형 브랜드, 모조품이 등장하며 과시적 소비가 민주화되었기에 명품 패딩은 '교복'이 될 수 있었다. 하지만 나는 아무래도 명품 패딩에 혹하지는 않는다. '돈 냄새가 너무 나잖아….' 대신 나는 다른 종류의 욕망에 더 취약하다고 느낀다.

2018년 『야망계급론』의 저자 엘리자베스 커리드핼킷은 현대 소비문화를 분석해 유한계급을 잇는 '야망계급'이라는 새로운 계급을 관찰한다. 커리드핼킷에 따르면 오늘날의 야망계급은 주로 지식경제의 주축을 담당하는 고소득자, 혹은 그렇지 않더라도 지식을 습득하고 정보를 활용해서 사회와 환경을 의식하는 가치관을 형성하려고 노력하는 이들이다.

이들은 과거의 유한계급과 달리 더 이상 과시적 소비에 매달리지 않는다. 명품백이나 호캉스 같은 과시적 소비가 모든 계급에 확산되어 더 이상 지위를 과시하는 수단이 되지 못하기 때문이다. 대신 이들은 자신의 지식과 가치관을 보여주는 비과시적 소비에 몰두하는데, "먹는 것(미식, 유기농, 인간미가 풍기는 집밥), 식료품을 사는 곳(농민 직거래 시장과 유기농 매장), 입는 옷(유기농 면과 라벨 없는 미국산 제품), 이야기하는 주제(월스트리트저

널 기사 같이 화제가 되는 팟캐스트) 등 모든 것"에서 은밀하게 자신을 다른 이들과 구분 짓는다.

커리드핼킷은 특히 야망계급의 모성과 육아 문화에 집중하면서 자연주의 출산, 모유 수유, 애착 육아 등의 기표가 이들의 계급을 과시하는 새로운 사례가 되었다고 말한다. 이것들은 돈이 많이 들지 않고 도덕적 선택처럼 보이지만, "본질적으로 엘리트주의적이고 배타적이며, 대다수 가정의 평범한 관계와 일상생활에서는 보기 힘든 문화자본과 상징자본, 그리고 방해받지 않는 자유시간에 의존"하고 있다는 것이다.

나도 안다. 내가 코로나로 어영부영 아이를 보육기관에 보내지 않고 3년 가까이 데리고 있었던 것, 유기농 매장을 들락거리며 이유식을 해먹인 것, 발도르프 어린이집에 아이를 보내는 것 모두 시간과 돈, 에너지가 있어야 가능한 특권적 선택이라는 걸. 차라리 명품 패딩을 사는 게 더 쉽지. 게다가 이러한 선택은 더 '진정성' 있게 살고 있다는 알량한 우월감마저 준다. 야망계급의 소비는 가치 있는 실천적 선택처럼 보이지만 자신의 지식과 가치관을 이용해 자신을 다른 이들과 구별 짓기 위한 것이 될 때, 자신과 같지 않은 이들을 열등하게 보기 위한 것이 될 때 위험하다.

이쯤 되니 누구라도 붙잡고 묻고 싶다. 과시적 소비에서 자유롭지 못할 뿐 아니라 과시적 소비에서 자유롭다고 느낄 때조차 야망계급적 소비에서 벗어나지 못하는 나…. 이런 나는 도대체 어디로 가야 하는가!

소비를 통해서만 나의 정체성을 드러낼 수 있다?

명품은 아니지만 내가 찾는 무언가를 사면 '내가 원하는 나'가 될 거라는 기분에 사로잡힐 때가 있다. 보온 효과가 좋으면서 세척이 간편하고 가방에 쏙 들어가는 궁극의 텀블러를 찾아 헤맬 때가 그랬고, 가벼우면서도 따뜻하고 거기다 가격까지 저렴한 코트를 찾아 헤맬 때도 그랬다. 지난여름엔 백팩이었다. 찌는 듯 더운 날 업무차 지하철을 탈 때, 아이 등하원을 시킬 때, 백팩을 메면 양손이 편하겠지? 한 손으로는 아이의 손을 잡고 다른 한 손으로는 시원한 음료를 담은 텀블러를 들어도 괜찮겠지? 그런 상상을 할 때 나는 명품에 관심이 없으면서도 은근히 힙한 40대, 백팩을 메고 반듯한 자세로 지하철을 누비는 프리랜서, 경쾌하고도 여유로운 양육자였다.

온라인 쇼핑몰에서 1만원 후반대에 판매하는 백팩을 구매하려다 멈칫했다. '이건… 설레지 않아. 이 가방을 멘 사람은 너무 많을 거야.' 결국 오랜 검색 끝에 최근 MZ세대에게 인기 있다는 한 브랜드의 백팩을 발견했다. 원래 구매하려던 가방의 3배가 넘는 가격이었지만 톤다운된 다양한 컬러가 매력적이었다.

인기 있는 컬러는 나오는 즉시 품절이라 몇 번이나 쇼핑몰 사이트를 들락날락한 끝에 간신히 구매한 이 백팩의 결말은… 모두가 예상한 대로다. 설렘은 오래가지 않았다. 이 가방만 있으면 명품에 관심 없으면서도 은근히 힙하고 실용적인 이미지를 챙길 수 있으리라는 기대도 흐릿해졌다. 나는 가방 하나에 무엇을 기대했던 걸까.

일찍이 사회학자 피에르 부르디외는 『구별짓기』에서 심미적 판단은 언제나 구별의 문제라고 말했다. 취향은 아름다운 것에 대한 감탄이면서 동시에 '구린 것'에 대한 경시, 더 나아가서 '구린 것'을 구별할 줄 모르는 사람들에 대한 경시다. 훌륭한 취향은 모두가 가질 수 없기에 제로섬 게임이나 마찬가지며, 자신의 미적 감각이나 취향의 표현으로서 물건을 살 때 우리는 제로섬 게임에 참여하는 셈이다. 하지만 오늘날 기업들은 물건이 아니라 훌륭한 취향과 스타일, 더 나아가 자아감을 판다고 속삭이고, 나는 자꾸만 실체 없는 자아감을 좇아 나를 더 나은 인간으로 보여줄 물건을 찾아 헤맨다.

오늘날 현대인은 소비를 통해서 사회에 참여한다. 아이돌 팬은 몇 백 장의 앨범을 구매하고 유료 소통 어플을 깔고 기획사가 만든 굿즈를 사는 것으로 '내 새끼(스타)'의 성공을 응원한다. 결식아동이나 이재민에게 무료식사를 제공하는 등 지역사회에 유익한 일을 한 자영업자에게 '돈쭐'('돈'과 '혼쭐내다'의 합성어)을 내는 것으로 그의 선행을 응원한다. 자신의 정치적 사회적 신념을 드러내기 위해 크라우드 펀딩에 참여하거나 비영리단체의 굿즈를 사고, 페미니즘 문구를 담은 티셔츠, 에코백, 스마트폰 케이스를 산다. 우리는 애정이나 신념을 표현하는 일조차 소비를 통해 가능하다고 믿고, 신자유주의 논리는 비즈니스와 사회 변화 사이의 구분을 흐리면서 소비를 통한 사회 변화가 가능하다고 속삭인다. 이러한 사회에서는 정치적·사회적 신념조차 개인적 소비의 문제, 미학적 감성과 취향의 문제로 축소되기 쉽다.

명품 패딩으로 대표되는 과시적 소비는 '남보다 돋보여야 하는 나', '남에게 지지 않아야 하는 나'의 결과물이다. 이러한 소비 경쟁에 참여하지 않겠다고 외치면서 '남들과 다른 선택을 하는 나', '고유한 취향과 스타일을 가진 나', '진정한 나'라는 환상에 빠지기도 한다. 이러한 환상이 또 다른 소비 경쟁에 참여하게 만드는 핵심 유인책임을 알지 못한 채. 정치·사회적 신념을 표현하는 일 역시 개인적 소비의 문제로 미끄러지기 쉬운 시대, 내가 소비의 자장에 얼마나 깊이 연루되어 있는지 확인하는 일은 괴롭다. 이런 현실을 직시하는 데서부터 무언가 시작할 수 있을까? 나는 저들과 다르다며 안도하지 않고, 어쩔 수 없다며 체념하지도 않고, 이 세계와 나 자신을 직시하는 것에서 무언가 시작할 수 있을까? 부디 그럴 수 있다면 좋겠다.

아픈 교사들이 늘고 있다

편 집 실

우울한 교사들

아픈 교사들이 늘고 있다. 교육부 자료에 따르면, 교사의 병가와 휴직 건수는 2020년 94건에서 2023년도 929건으로 열 배 가까이 늘었다. 특히 서이초 교사 사망 사건이 일어난 이후 2024년 상반기에는 더 급격히 증가했다. 교권보호위원회에 접수된 교권 침해 유형 중에 학부모나 학생에 의한 상해·폭행 건수는 2023년 한 해에만 503건에 이른다.

교사들의 마음 건강에 적신호가 켜진 것이 근래의 일은 아니다. 2013년 『교사도 학교가 두렵다』(엄기호), 『교사 상처』(김현수) 같은 책이 출간되면서 교사들의 어려움이 알려지기 시작했는데, 2020년 「아동학대처벌법」* 개정을 기점으로 교권은 속절없이 무너졌다. 그 전까지 아동학대 신고의무자이던 교사는 졸지에 아동학대 가해자로 신고당하는 처지가 되었다.

학교를 떠나는 교사들도 늘었다. 2023년 한 해 동안 4,200여 명의 교사가 정년을 채우지 않고 중도에 퇴직했다. 이는 전체 퇴직 교사의 절반 가까운 비율로, 2019년의 두 배에 이르는 수치다. 특히 초등교사의 조기 퇴직률이 급증하고 있다.

● 「아동학대 범죄의 처벌 등에 관한 특례법」에서 아동학대를 '아동의 건강 또는 복지를 해치거나 정상적 발달을 저해할 수 있는 신체적·정신적·성적 폭력'으로 규정한 조항이 그대로 교실에 적용되면서 예기치 못한 문제들이 일어나고 있다.

2023년 9월 한국교원단체총연합회가 전국의 유초중고 교사 6,751명을 대상으로 한 '교원 삶의 질 만족도' 조사에서 교사들의 직업 만족도는 2020년 65.7%에서 3년 만에 43.2%로 뚝 떨어졌다(교원노조의 조사에서는 만족도 비율이 22.7%에 불과했다). 응답자의 82%가 교권 침해 경험이 있으며, 87%는 업무 스트레스가 심각한 수준이라고 답했다. 스트레스의 구체적 요인은 교권 침해 증가, 행정 업무 과다, 낮은 보상 체계, 교사의 지위에 대한 사회적 인식 변화 등이었다.

최근 2년 사이 교사의 63.4%가 우울 증상을 겪었는데, 이 중 치료가 필요한 '심한 우울'은 38.3%로 일반 성인보다 4배 이상 높은 비율이다.* 실제로 교사 열 명 중 네 명이 지난 일 년간 정신과 치료나 심리상담을 받은 적이 있음이 확인되었다. 우울 지수는 유치원 교사(49.7%), 초등교사(42.7%), 특수교사(39.6%), 중등교사(31.5%) 순으로 담임 학생의 연령이 낮을수록, 교육에 돌봄의 요인이 많을수록 교사들의 우울 지수가 높음이 드러났다.

특히 학부모 상담 횟수가 교사들의 우울 증상과 깊은 관련이 있다는 것도 확인되었다. 학부모 전화 상담이 주 10회 이상일 때 응답자의 60.8%, 방문 상담이 월 10회 이상일 때 50.7%의

● 전국교직원노동조합과 녹색병원이 2023년 전국 유초중고 교사 3,505명을 대상으로 한 '교사 직무 관련 마음 건강 실태조사' 결과.

2023 교사 직무
관련 마음건강
실태 조사
_녹색병원
전교조 공동 실시

교사의 업무 중 폭력 경험

언어폭력 경험 **66.3**%
일반 노동자 .... 3~6%

신체 위협 및 폭력 경험 **18.8**%
일반 노동자 0.5%

성희롱 및 폭력 경험 **18.7**%
일반 노동자 0.4%

원치 않는 성적 관심 **12.9**%
일반 노동자 1% 미만

교사 정신건강평가

경도의 우울증상 **24.9**%
일반 성인 유병률 25~30%

심한 우울증상 **38.3**%
일반 성인 유병률 8~10%

**최근 1년간 심각하게
자살을 생각한 경험** **16.0**%
일반 성인 3~7%

**최근 1년간 구체적인
자살 계획을 세운 경험** **4.5**%
일반 성인 0.5~2%

학부모 전화상담 횟수와 교사의 직무스트레스·우울·자살생각률

*전화상담횟수 일주일 기준, 단위 %

	스트레스 고위험군	우울 증상	자살 생각
없음	61.8	30.7	14.0
5회 미만	75.1	35.1	14.8
5~10회	82.3	50.0	19.6
10회 이상	88.3	60.8	24.2

교사들이 심한 우울 증상을 느꼈다. 비정기 상담의 내용은 주로 아이의 문제적 상황이나 (문제라고 생각되는) 교사의 교육지도에 관한 이야기였을 것이다. 교사들의 업무 스트레스가 주로 학생의 생활지도와 돌봄, 그리고 학부모 응대에서 비롯된다는 걸 추측할 수 있는 대목이다.

몇몇 학부모의 잦은 상담으로 교사가 소진되는 사이, 다른 부모들은 상담 기회를 빼앗겨 피해를 입기도 한다. '진상 학부모'에 대한 여론 때문에 교사와 정말 필요한 소통도 하지 못하고 마음 졸이는 학부모들이 적지 않다. 누가 금지한 건 아니지만 상담을 문의하는 것 자체가 선생님에게 부담을 주게 되지 않을까 싶어 지레 연락을 삼가게 되는 것이다. 교육에 꼭 필요한 소통을 하지 못했을 때 피해는 고스란히 아이에게 돌아간다.

교사라는 이름의 감정노동자

사람을 상대하는 일은 에너지가 많이 든다. 어린아이일수록 그렇다. 성인을 대할 때와는 다르게 늘 밝은 표정을 유지하며 어린 학생에게 맞는 높은 톤의 음정으로 다정한 말투를 반복하는 것은 쉬운 일이 아니다. 게다가 학부모들의 세세한 요구에 하나하나 응대하다 보면 교사는 더욱 많은 감정노동을 하게 된다. 영유아 기관의 경우, 아이들 수가 줄어들어 원아 모집에 대한 부담까지 교사들이 떠안게 되면서 감정노동의 강도가 더 높아지고 있다.

감정노동emotional labor은 1983년 미국의 앨리 러셀 혹실드*가 제안한 개념으로, '배우가 연기를 하듯 원래 감정을 숨긴 채 직업상 다른 얼굴 표정과 몸짓을 하는 것'을 뜻한다. 자본주의 사회에서는 인간의 감정마저 노동력으로 사고팔게 되었다. 고객과의 상호작용이 많고 다양한 요구에 응대해야 하는 일일수록, 감정을 숨기거나 억제해야 하는 경우가 많을수록 스트레스가 높은 것으로 드러났다. 교육이 공공연한 서비스가 된 후 교직 또한 감정노동이 심한 대표 직업군이 되었다. 교사의 99%가 '교원은 감정노동자'라는 데 동의한다.**

● 혹실드는 마르크스주의자이자 페미니스트 사회학자로, 'emotional work'가 아닌 'emotional labor'라고 표현한 데서 감정노동에 대한 그의 관점을 엿볼 수 있다.

교권 침해가 사회문제로 부각되기 전에도 교직은 감정노동이 심한 직업이었다. 날마다 수십 명의 아이들과 동시다발적으로 소통하며, 예기치 못한 각종 상황에 즉흥적으로 그리고 침착하게 대처해야 한다. 유급 방학이 있다는 이유로 교직을 편한 직업이라고 하는 사람도 있지만, 학기 중 감정노동이 심한 교사들에게 방학은 없어서는 안 될 재충전 시간이다. 교사들이 일반 직장인들처럼 방학 없이 일한다면 근속률이 훨씬 낮아질 것이다.

교사는 학부모와 학생들의 온갖 민원을 들어야 하는 점에서 콜센터 직원과 유사하지만, 고객과의 소통이 일회적이지 않고 최소 1년은 유지된다는 점, 불만을 가진 고객과 한 공간(교실)에 있어야 한다는 점, 그리고 고객의 민원 중에는 들어줄 수 없는 요구가 많다는 점이 다르다. 상품에 대한 불만은 교환이나 환불 등으로 쉽게 처리할 수 있지만, 교육 관련 민원은 그렇게 깔끔히 해결할 수 있는 일이 많지 않다. 다른 아이와 얽혀 있는 일이면 더욱 그렇다.

교사 입장에선 학부모가 언성을 높인다고 같이 언성을 높일 수 없고, 경찰에 고소한다고 맞대응할 수 없다. 아이를 생각해서, '그래도 내가 교사인데' 싶어서, 입을 열었다가 더 큰 문제

●● 2023년 7월 한국교원단체총연합회가 전국 유초중고 교원 32,951명을 대상으로 한 설문조사.

를 불러올까봐 교사들은 감정을 누르고 온갖 말들을 삼킨다. 그러니 억울함과 답답함이 쌓여가고, 몸도 아프고 마음도 아프다. 결백을 입증해야 할 상황에 대비해 수업 내내 녹음기를 틀어놓고, 민원을 자주 넣는 학부모 자녀의 눈치까지 살피고 있는 자신을 문득 발견하면 자괴감마저 든다.●

교사의 정신 건강은 교사 개인의 문제이기 전에 사회의 문제로 봐야 한다. 우울증은 소득 수준이 높은 국가들의 공통적인 현상이며 한국 사회에서도 전반적으로 늘고 있지만, 교사들이 겪는 우울은 대부분 제도 혹은 그로부터 파생된 문화에 기인한다. 그렇기에 제도를 바꾸면 많은 부분이 해결될 수 있다.

2000년대 들어 '몬스터 페어런츠'가 등장하면서 신규 교사가 자살하는 등 한국과 비슷한 상황을 먼저 겪은 일본은 지금, 교대 지원자 감소와 퇴직 교사 증가로 교사 부족에 시달리고 있다. 문제를 해결하기 위해 일본 정부와 지자체는 교원자격증은 있으나 교단에 서본 적이 없는 '페이퍼 티처'를 대상으로 대학에서 연수 프로그램을 제공하고, 기업과 제휴해 교원자격증 취득을 원하는 사원을 지원하는 방안을 검토 중이다. 일본의 뒤를 좇지 않으려면, 소진되어 마음의 병을 앓고 있는 교사들의 현실을 먼저 살펴야 한다.

● '아무도 그 학부모를 막을 수 없다', 〈PD수첩〉, 2024년 11월 15일.

제도와 문화의 변화

교사의 직업 만족도가 높은 핀란드에서는 교사의 자율성을 최대한 보장하고, 학생 지도와 수업에만 집중할 수 있도록 교사에게 불필요한 행정 업무를 맡기지 않는다. 무엇보다 학부모가 교사와 개인적으로 연락하는 일이 없다. 학부모는 모든 문의를 디지털 플랫폼(Wilma)을 통해 정식으로 해야 하며, 대면 상담을 원할 때도 여기서 미리 예약을 해야 한다. 교사의 개인 연락처는 학부모에게 공개되지 않으며, 전화나 문자도 당연히 금지된다. 이메일을 보낼 수는 있지만 즉각적인 답변을 요구하지 않는 것이 원칙이다. 긴급한 상황일 때는 학교 행정실을 통해 공식적으로 연락한다.

모든 문의와 민원은 기록이 남기 때문에 감정적인 대응이 줄어들고, 객관적인 처리가 가능하다. 한국처럼 서로의 음성을 사적으로 녹음해야 하는 일은 벌어지지 않는다. 학생지도 등 대부분의 민원은 온라인 플랫폼을 통한 교사와의 1차 상담에서 해결되며, 더 큰 문제가 발생하면 교감 또는 교장이 개입한다. 학교운영위원회나 교육청을 통해서도 민원 접수가 가능하다. 절차에 따라 문제를 해결하는 시스템이 확립되어 있고, 애초에 불필요한 민원 제기가 어려운 구조여서 학부모가 과도한 요구를 할 수 없다. 특히 한국처럼 "내 아이를 특별히 봐달라"는 식의 개별 요구는 상상도 할 수 없다.

핀란드는 교사의 정신 건강 문제를 조기에 발견하고 예방하는 시스템도 구축하고 있다. 교사는 정기적으로 심리상담을 받을 수 있으며, 치료가 필요할 경우 학기 중에도 유급휴가를 쓸 수 있다. 3단계로 이루어진 '포괄적 교육 체계Inclusive Education System'●를 운영해 학생의 문제 행동을 사전에 예방하는 것도 교사의 생활지도 부담을 줄이는 데 도움이 된다. 미국도 이와 비슷한 방식으로 지원이 필요한 학생들에게 5단계의 포괄적 교육 체계를 시행하고 있다. 한국의 교실에서 생기는 문제의 많은 부분이 '정서행동위기 학생'과 관련이 있음을 고려할 때, '포괄적 교육 체계' 도입을 검토해볼 필요가 있다.

최근 대전 초등학생의 비극적인 사망 사건 이후 국회에서는 교원의 정신 건강을 관리하는 '하늘이법'을 빠르게 추진하고 있다. 발의된 7개 법안은 주로 임용 단계부터 정신 건강을 검진하고, 이후 교직 수행 시에도 정기적인 심리검사를 통해 부적절 교원을 관리하겠다는 내용을 담고 있다. 학교에서 교사의 폭력적인 전조 증상은 예방되어야 하고, 교사들의 정신 건강 또한 지원받아 마땅하다. 하지만 이 법안들은 교사들의 정신질환을 예방하거나 치유를 돕는 방식이 아니라 질환을 앓고 있는

● 장애, 정서위기를 포함해 다양한 학생의 상태에 따라 통합적인 교육지원을 하는 시스템. 자세한 내용은《민들레》149호 '교육력 회복, 정서행동위기 학생 지원이 기본이다' 참조.

교사를 걸러내는 데 초점을 두고 있다. 이런 접근은 교사들의 우울을 음지로 몰아넣을 가능성이 높으며, 정신질환에 대한 낙인과 편견을 강화할 것이란 우려를 불러일으킨다. 학부모가 교사의 정신 건강 검진서 조회를 요구하고, 우울증 진단을 받은 담임 교사를 기피하는 현상이 생겨날 것은 불을 보듯 뻔한 일이다.

무너지는 교권을 회복하기 위해 교사의 정당한 생활지도를 보장하는 교권 보호 4법 개정과 함께 교육감 의견 제출 의무화 제도,● 교권보호위원회 활성화 방안 등을 도입했다. 학교장과 교육청이 책임지고 민원을 처리하는 체계도 구축하고 있지만 법안 개정 이후에도 별다른 변화를 느끼지 못한다고 응답한 교사 비율이 84%에 이른다. 교권의 주요 내용인 교육자치권, 교원단체활동권, 신분보장권 등은 주로 국가를 상대로 주장해야 하는 것들인데, 오늘날에는 학부모의 간섭으로부터 교권을 보호해야 할 필요성이 더 커졌다.

민원을 우려해 교사들이 정해진 업무 외에는 되도록 '아무것도 하지 않으려는' 경향이 늘어간다. 점점 개인화되고 있는 시대 흐름은 문제 해결을 더욱 어렵게 만든다. 많은 교사들이 '나만 안 걸리면 된다'는 심정으로 힘든 학교와 학급을 피해 다니

● 교사가 아동학대 혐의로 조사나 수사를 받을 경우 교육감이 해당 사안에 대한 의견서를 제출하도록 의무화한 제도.

고, 학부모도 학생도 개인의 권리 찾기에 여념이 없는 사회에
서 교육이 바로 서기란 쉽지 않다.

신뢰 회복이 관건이다

교직 만족도가 높았던 핀란드도 최근 교권 침해 현상이 증가하
고 있다. 2020년 통계에 따르면 교사 중 3분의1이 교실에서 욕
설, 위협, 물건 파손 등 폭력적인 상황을 경험했다. 이런 현상은
핀란드 청소년들의 정신 건강 문제가 증가하는 추세와 관련이
깊다고 해석한다. 그럼에도 학부모가 교사의 전문성과 자율성
을 존중하고 교사를 신뢰하는 문화에는 변함이 없으며, 여전히
97%의 핀란드인이 교사가 하는 일을 사회 전체를 위한 중요한
역할이라고 여긴다.

　교권 회복과 교사 치유를 위한 제도도 중요하지만, 한국 교
사들이 힘들어하는 이유 중 하나로 '교사에 대한 사회적 인식
변화'를 꼽는 것을 볼 때, 교사에 대한 신뢰를 회복하기 위한 노
력도 병행되어야 한다. 교사보다 학력이 높은 학부모들이 늘어
나면서 교사의 사회적 지위가 상대적으로 낮아지고 '우리 애는
내가 가장 잘 안다'는 믿음으로 교사를 가르치려 드는 부모들
이 많아졌지만 학교에서 아이를 교육하는 주체, 즉 주양육자는
교사라고 할 수 있다. (설사 그렇지 못한 면이 있더라도) '선생님은

훌륭하다'는 사회적 신뢰가 교육을 가능하게 한다.

학생과 학부모에 의해 교사의 인권이 침해되는 일이 잦아지면서 교권과 교사 인권이 혼용되고 있지만 사실상 둘은 다른 개념이다. 교사의 인권은 교권 이전에 당연히 보호받아야 할 인간으로서의 권리다. 교사의 인권을 지키는 일은 곧 학생의 인권을 지키는 일이기도 하다. 오랫동안 학교 안에서 약자였던 학생의 인권을 보호하는 일을 멈추어서는 안 되지만 이제는 교사의 인권도 보호해야 하는 시대가 되었다.

교권은 학생의 학습권과 연결된 개념으로 이 또한 제대로 지켜져야 학생의 학습권도 보호된다. 아이들 앞에 서길 두려워하는 교사들, 가르치기를 포기하는 교사들, 학교를 떠나려는 교사들이 더 이상 늘어나선 안 된다. 교사의 인권과 교권을 지키는 일이 궁극적으로 아이들의 인권과 학습권을 지키는 길이라는 점을 인식하고, 아이들도 교사도 다니고 싶은 학교를 만들어야 한다. 🔭

왜 청년 여성들이
더 우울한가

김 정 환

인천에서 상담사로 살고 있다. 석사 학위 논문으로 청년 여성들의
우울 경험에 대해 연구하며 이 글을 쓰게 되었다.

믿기지 않는 숫자

"쌤, 주변에 우울증 앓고 있는 애들이 엄청 많아요."

언젠가 졸업생들과의 만남에서 한 여학생이 전해준 이야기였다. 대안학교 교사를 그만두고 대학원에서 상담심리를 공부하며 논문을 써야 할 시기가 다가왔을 때, 문득 그 말이 떠올랐다. 대안학교에서 만났던 학생들이 때때로 찾아와 사회에서 고군분투를 하며 살아가는 이야기를 들려주곤 했다. 특히 여학생들은 사회에서 겪은 성차별, 여성혐오에 대한 이야기를 속풀이하듯 털어놓았다. 청년 여성들의 우울증에 대해 살펴보기 시작하면서 엄청난 수치들에 놀랐다.

건강보험심사평가원에 따르면 2022년 우리나라 우울증 환자는 100만 명을 넘어섰는데, 2018년에 비해 32.9% 급증한 수치다. 코로나 팬데믹이 끝나갈 무렵이라고는 하지만 2022년은 독감환자(85만 명)보다 우울증 환자가 더 많았다. 특히 20대와 30대 여성 우울증 환자는 2018년에 비해 각각 110%, 84%로 증가해 전 세대, 전 연령 중 가장 높은 비율을 보였다.

어떤 질병이 특정 성별과 세대에서 갑자기 100%씩 증가한다는 것이 어떤 의미인지 감을 잡기 어려웠다. 우울증과 관련 깊은 자살률 역시 20~30대 여성에게서 심각했는데 한 연구에서 이를 좀 더 쉽게 이해할 수 있게 비교해주었다. 1951년생이 청

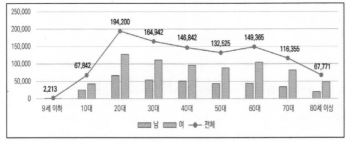

2022 성별 연령별
우울증 환자 분포
(단위 명)

출처_건강보험
심사평가원,
'생활 속 질병 진료
행위 통계'(2023)

년이었을 때 자살 사망률에 비해 1981년생은 5배, 1956년생에
비해 1997년생은 7배 차이가 난다고 한다. 현재 20~30대 청년
여성의 경우 이들의 어머니 세대에 비해 자살을 선택하게 만드
는 삶의 조건이 5~7배 증가했고 이 세대는 앞으로도 높은 자살
률을 보일 것이라는 예측이었다. 이는 유럽의 전쟁 세대나 구
소련에서 체제 붕괴를 겪었던 세대와 비슷한 양상이라고도 했
다.●

　같은 시대, 같은 사회에서 살아도 우리가 겪는 현실은 다를
수 있다는 생각은 해왔지만 특정 성별, 세대가 전쟁과 같은 고
통을 겪고 있는데 나는 이를 짐작조차 못했다는 사실에 놀랐
고, 동시에 부끄러웠다. 대체 청년 여성들은 어떤 심리적 고통
을 겪고 있는 것일까? 청년 여성들에게 우울증이 급증한 이유
는 무엇일까?

● 장숙랑 · 백경흔, 「청년 여성의 자살 문제」, 사회건강연구소, 2019.

'국민병'이 된 우울증을 바라보는 사회적 관점

우울증은 한국 사회에서 많이 사용하고 있는 미국정신의학협회(APA)의 DSM-5(정신질환 진단 및 통계 매뉴얼)에서 '주요 우울장애Major depressive disorder'로 표기된다. 정확한 원인은 밝혀지지 않았지만 심리학에서는 부정적 사건으로 인한 충격, 특정 양육자와의 애착 문제, 긍정적 강화의 상실이나 우울 행동의 강화, 학습된 무기력, 유전적 요인 등을 원인으로 든다. 최근 뇌과학에서는 뇌구조 기능의 이상 등에 대한 연구도 활발하게 이루어지고 있다. 하지만 이런 심리학적 관점이나 생물학적 관점만으로는 우울증이 청년 여성들에게서 급증한 이유를 설명하지 못한다. 갑작스레 특정 성별, 세대에게만 심리적인 문제나 생물학적인 이상이 생겼다고 보기 어렵기 때문이다.

의료인류학자 기타나카 준코는 일본에서 우울증이 어떻게 출현해 '국민병'이 되었는지 추적했다.● 일본에서는 2000년대 항우울제 제약업계의 공격적인 마케팅에 따라 1999년에서 2008년까지 우울증 환자가 2.4배 증가했고, 우울증은 회사에서 병가를 받는 가장 흔한 이유 중 하나가 되었다. 우리에게도 널리 퍼져 있는 '우울증은 마음의 감기'라는 은유는 제약회사의

● 기타카나 준코, 『우울증은 어떻게 병이 되었나』, 제소희 옮김, 사월의책, 2023.

마케팅 캐치프레이즈였고, 일본에서도 우울증이 흔한 질병이라는 인식에 영향을 주었다.

일본에서 우울증이 '국민병'이 된 것은 한국과 마찬가지였지만 우울증을 바라보는 태도와 인식에서는 차이가 있다. 일본에서 우울증은 '과로'와 연결된다. 2000년, 한 광고회사 직원의 자살 원인을 '과로로 인한 우울증'으로 보고 거액의 배상금을 지급하라는 대법원 판결은 일본의 노동 정책에 변화를 주었을 뿐만 아니라 우울증에 대한 대중 인식에도 영향을 주었다. 전 세계적으로 우울증은 여성들이 더 많이 앓고 있지만 일본에서는 남성과 여성이 비슷한 수준이며, 자살률이 가장 높았던 1990년대부터 우울증 피해자들은 주로 남성 직장인으로 그려졌다. 이처럼 우울증은 특정 원인으로 발생하는 질병이라기보다 한 사회의 정책, 노동 환경, 젠더 의식과 같은 복잡한 함수의 결과로 볼 수 있다.

한국 역시 다국적 제약회사와 국내 제약회사 간의 제휴를 바탕으로 항우울제 시장이 2000년 205억 원 규모에서 현재 2500억 원 규모에 이르렀다. 또한 체계적인 정신질환 역학조사를 처음 실시한 2001년 이래 우울증 환자는 36만 명에서 2022년 100만 명을 넘어섰다. 우울증을 바라보는 관점에도 변화가 있었는데 이는 신문기사를 통해 확인된다. 1990년부터 우울증을 다룬 기사가 급속도로 증가하기 시작했는데, 우울증이 국가적 사건, 사회 · 경제적 분위기, 유명인의 자살 등과 연관되어 등장하는 '사건 보도' 면에서 점차 우울증에 대한 '정보 제공' 성격으로 변화하면서 2002년을 기점으로 '과학 · 건강' 면에 소개되기 시작한다.● 이 즈음하여 우울증은 특별한 '사건'이 아닌 누구나 겪을 수 있는 '위험'으로 인식되기 시작한 것이다.

우울증을 개인의 문제로 보는 문화

청년 여성들의 삶과 우울증이 어떤 연관이 있을지 살펴보기 위해 우울 경험이 있는 청년 여성 다섯 명을 만나 심층 인터뷰를 했다. 여러 차례 인터뷰를 하면서 가장 놀라웠던 것은 우울로 인해 상담이나 정신과 진료 경험이 있는 참여자 모두 우울의 원인을 자기 자신에게서 찾고 있다는 점이었다. 정신과에서 조울증 혹은 우울증이라고 진단을 받은 경우에는 진단명 자체가 우울의 원인이 되기도 했다. 내가 우울증이 있어서 우울하다는 것이다. 지금 겪고 있는 우울 경험이 과거의 사건, 양육자와의 관계 때문이라는 것을 상담사를 통해 해석받거나 스스로 깨닫기도 했다. 현대의학이나 상담심리학에서도 우울증의 정확한 원인은 아직 밝혀지지 않았건만 이들은 상담과 정신과 치료를

● 이현정, 「1991~2010년 신문기사 분석을 통해 살펴본 한국 우울증 담론의 변화와 그 문화적 함의」, 한국문화인류학회, 2012.

통해 우울의 원인이 자신에게 있다고 여기게 된 것이다.

그러나 이들이 단순히 상담사나 정신과의 진단을 수동적으로 받아들인 결과는 아니었다. 그들 모두 우울이 자신의 정체성이라고 할 정도로 능동적으로 받아들이고 그에 따른 경험들을 적극적으로 해석하며, 온·오프라인으로 소통하고 있었다. 청년 여성들이 우울의 원인이 자신에게 있으며, 그것을 자신의 정체성이라고 느낄 만한, 뭔가 다른 요인이 있다고 느꼈다.

철학자 한병철은 신자유주의는 "개선해야 하는 것은 사회가 아니라 영혼의 상태"●라고 하면서 사회가 책임져야 할 고통을 개인의 심리적인 문제로 만든다고 지적한다. 상담이나 심리치료 등 인간 심리를 대상으로 하는 임상 기법들이 중심이 되어 나타난 치료요법 문화Theraphy Culture에 대해 연구한 사회학자 프랭크 푸레디Frank Furedi는 우리가 감정, 정확히는 '감정적 결함'에 주목하는 문화 속에서 살고 있다고 말한다. 이를테면 1993년부터 2000년까지 영국 언론에서는 자존감, 트라우마, 스트레스, 신드롬, 카운슬링이라는 단어가 급격히 증가했다. 그는 국가가 심리학자들과 함께 교육과 보건 영역에서 치료요법이 전 생애에 걸쳐 필요한 것으로 여기게 만듦으로써 감정 문제는 스스로 대처하면 안 되는 것이라는 믿음을 전파하고 있다고 보았

● 한병철, 『고통 없는 사회_왜 우리는 삶에서 고통을 추방하는가』, 김영사, 2021.

다. 이러한 치료요법적 개입은 문화에 강력한 영향을 끼쳤고, 심리치료 방법을 넘어 하나의 사유 방식이자 "개인들이 그들의 자아에 대해, 그리고 타인들과의 관계에 대해 독특한 이해를 발전시킬 각본"이 되었다.●

이와 같은 '치료요법 문화'가 우리와는 무관할까? 국내 연구는 아직 없지만 치료요법 문화가 한국에서도 서서히 자리잡기 시작했다는 증거를 찾아볼 수 있다. 2005년 「초·중등교육법 시행령」에 따라 교육행정기관에 전문상담교사를 두게 되었다. 이는 2004년 제정된 「학교폭력예방 및 대책에 관한 법률」에 근거한 것으로, 2008년 이명박 정부는 학교폭력, 학업중단 등 학교에서 발생하는 각종 위기에 대처하겠다며 '학교안전통합시스템(위Wee프로젝트)'을 시행한다. 이에 따라 전국에 교육청에서 운영하는 상담실이 빠르게 확산되었고, 2023년에는 전국 각 학교별로 위클래스가 73.2%나 구축되었다.

이처럼 정부가 학교폭력이라는 사회적 문제를 심리상담으로 대응하며 전문 상담사들이 활동할 수 있는 공간을 열어주었고, 상담심리 분야의 가장 큰 학회인 한국상담심리학회 회원 수는 2010년부터 매해 2천여 명이 증가하여, 2022년에는 40,390명에 이르게 된다. 2010년 10,391명에서 4배가 증가한 것이다.

● 프랭크 푸레디, 『치료요법 문화』, 박형신·박형진 옮김, 한울아카데미, 2016.

2016년까지 등록된 상담 자격증의 수만 해도 3,545개로 전체 민간 자격증 대비 15%에 달했다.

2014년 세월호 참사 당시 박근혜 정부는 '구조에 실패한 것이 아니라 구조하지 않은 것 아닌가?' 하는 의혹이 나올 정도로 재난 대응이 미흡했는데, 유일하게 발 빠른 대처로 평가되는 부분은 유가족에 대한 심리지원이었다. 참사 직후 나흘 만에 안산시에는 통합재난심리지원단이 구성되었고, 보름 뒤에 안산정신건강트라우마센터가 문을 열었다.

사회역학자 김승섭은 『아픔이 길이 되려면』에서 정확한 사고 원인이 밝혀지지 않았고 그 의미를 이해할 수도 없는 상황에서 의학적 치료로 '마인드 컨트롤'을 받은 세월호 유가족 사례를 소개한다. 그는 사회의 모순들이 집약된 구조적 폭력에 기인한 트라우마를 개인적 수준의 '치료'만으로 충분하다고 여기는 분위기가 세월호 참사를 '교통사고'라고 하는 것과 무엇이 다른지 묻는다. 사회학자 박형신은 『치료요법 문화』의 역자후기에서 세월호 참사의 원인은 외면하면서 생존자 트라우마 치유에 허둥대는 정부의 모습을 두고, 한국 정부도 치료요법 정치를 하고 있는 것이 아닌지 묻는다.

이처럼 한국 사회 역시 2010년을 전후하여 국가 주도로 사회 문제를 개인화하며 심리치료가 개입하기 시작했다고 볼 수 있다. 푸레디가 미국에서는 2001년 9.11 세계무역센터 테러, 영국에서는 1997년 다이애나 왕세자비의 죽음으로 치료요법 문화가 강력한 영향력을 갖게 되었다고 지적한 대로 우리나라 역시 사회적 참사가 치료요법 문화가 자리 잡는 계기가 되었을 것으로 추정해볼 수 있다.

청년 여성들을 '감정'에 매달리게 만드는 것들

이처럼 청년 여성들은 한국 사회에서 우울증이 '국민병'이 되어가기 시작한 이후에 태어나 사회 문제를 개인의 심리 문제로 치환하는 분위기에서 성장했다. 그들이 우울 문제를 '개인화'하는 것에는 취업, 연애, 결혼, 사회생활이나 일상에서 겪는 문제들을 '내 탓'으로 돌리는 문화가 자리 잡고 있다. 연구에 참여한 청년 여성은 온갖 사회문제에 대해 적극적으로 연대하고 참여하면서도 집에 돌아오면 우울증 약을 삼키며 스스로를 자책하는 자신이 이상하다고 했다.

그렇다면 왜 유독 청년 여성들에서만 우울증이 증가했을까? 먼저 노동 문제를 살펴보면 IMF 이후 악화되기 시작한 노동 시장에서 '아빠, 힘내세요!'● 같은 노래로 남성들에게 힘을 실어주는 동안 여성들은 직장을 잃거나 비정규직으로 떠밀리게 되

● 1997년 제15회 MBC 창작동요제 입선곡. 정작 동요제에서는 상을 받지 못했지만 유명해지면서 교과서에도 실렸다.

었다. 경제 위기 속에서 남성은 '생계 부양', 여성은 '돌봄'이라는 성별 분업 이념의 사회구조가 공고해졌고, 여성 노동자의 일자리는 주로 저숙련, 저임금, 불안정한 계열에서 증가했다. 이때부터 진행된 여성들의 비정규직화에 2020년 코로나 팬데믹이 덮치면서 저임금 비정규직 서비스 노동에 종사할 수밖에 없었던 젊은 여성들이 특히 큰 타격을 입은 것으로 보인다.

또한 사회적 거리두기로 재택근무와 같은 가정 내 생활이 늘어나면서 돌봄 노동 역시 더 증가했고, 이는 가부장적인 사회문화 안에서 선택적으로 청년 여성들의 부담을 증가시키기도 했다. 자살 생각을 하고 있는 90년대 이후 여성 출생자들의 서사를 중심으로 연구한 이소진은 '신자유주의와 가부장제의 교차 지점'에서 성차별화된 위험이 존재론적 불안을 야기했다고 지적한다.● 부모의 성과 중심 사고에서 비롯되는 비난과 폭력, 성차별하게 분배되는 돌봄 노동, 성차별적인 노동 시장에서 생기는 문제 등 청년 여성들은 가정과 사회 모두에서 위험에 둘러싸여 있다는 것이다.

또한 성차별적인 문화로 인해 여성, 특히 청년 여성들이 자신의 감정을 성찰하고 관리하는 데 매달리게 된다. '여성은 감정적'이라는 편견은 분노나 짜증 같은 자연스러운 감정도 다른

● 이소진, 『증발하고 싶은 여자들』, 오월의봄, 2023.

목적이나 동기가 있을 것 같은 '히스테리'한 것으로 비춰지거나, 신체적인 고통조차 '심리적'인 고통으로 해석되기 쉽다. 여기에 '반페미니즘'이나 '미묘한 성차별', '여성 혐오'와 같이 청년 여성들이 노출되기 쉬운 폭력적인 사회 분위기가 더해지며 그들은 일상적인 '감정 생활'에 어려움을 겪게 되었다. 청년 여성들은 많은 상황에서 안전하기 위해 페미니스트, 예민한 여성, '아가씨답지 않게' 우울한 여성으로 보이지 않기 위해 적절한 반응을 연출하며, 감정을 곱씹고 후회한다.

인터뷰에 참여한 청년 여성들은 모두 '감정을 온전히 다룰 줄 알았더라면', '그때 그 감정의 원인을 알았더라면' 하며 후회하거나 감정에 적절한 이름을 붙여 이를 분석하려고 애썼다. 한 참여자는 어렸을 때부터 부모에게 외모 관리를 하라는 압박을 받았으며, 대학에서는 남학생들에 의해 '외모 순위'가 매겨졌다. 여러 사회 활동을 하면서 '예민한 애', '감정 관리 못하는 애'가 되지 않으려 애썼다. 페미니스트로서 '꼴페미'로 비춰지고 싶지 않았고, 동년배 남성들이 사용하는 '개념녀'에도 들어가기 싫었다. 우울증 진단 받기 전에는 '나약한 사람'으로 비칠까봐 걱정됐고, 우울증 진단을 받은 후에는 '아픈 애라 예민하다'라는 말을 듣기 싫었다. '안 되는 것들'이 너무도 많았던 그는 '자신의 진짜 감정이 무엇인지 모르겠다'고 했다. 청년 여성들에게 '감정'은 계발해야 할 많은 능력 중에 하나였다.

최근 '내란 정국'에서 응원봉을 들고 나온 청년 여성들이 주목 받았다. 일각에서는 이에 대해 '민주화된 시기를 산 첫 세대', '세월호, 이태원 참사를 경험한 세대'라는 분석과 '선한 영향력 이라는 독특한 세계관을 가진 케이팝 세대'라는 찬사가 쏟아졌 다. 하지만 응원봉이 꺼지고 난 뒤 그들이 사회에서 어떤 일을 겪으며 살아가고 있는지, 얼마나 많은 청년 여성들이 일상을 살아내기 위해 우울증 약을 삼키고 상담실을 찾아다니는지에 대해서는 관심이 없는 것 같다.

또한 이들이 앞선 사회, 혹은 사회운동의 성과나 결과물만은 아닐 것이다. 모든 세대는 앞선 세대의 성과뿐만 아니라 과제 역시 물려받는다. 울리히 벡에 따르면 서구 사회는 근대의 시 민혁명, 현대의 68혁명 같은 정치·사회적 격변기를 거치며 세 대 간 문화변동, 성역할 변화와 같은 성별 문화변동이 일어나 며 서서히 개인화되었다. 반면 한국은 군부 정권에 의해 '개인 화 없는 산업화'가 진행되었고, 민주화 이후 뒤늦게 개인화 과 정이 압축적으로 진행되었지만 이 과정은 IMF 위기와 신자유 주의라는 경제적 생존의 프레임에 묻혔다. 청년 남성들은 집단 적이고 군사주의적인 조직 문화가 남아 있는 가부장적 노동시 장 구조 속에서 타협하기 쉬웠던 반면 청년 여성들은 '페미니

즘 리부트' 같은 이슈를 겪으며 한국 사회의 새로운 정치세력
으로 부상했다. 개인화 과정에서 겪을 수밖에 없는 문화변동과
성역할 변화라는 성별 문화변동의 과제를 동시에 짊어진 주체
가 된 것이다.●

　이들은 개인주의를 '이기주의'라고 손가락질하는 부모와 직
장 상사의 영향력 아래에 놓여 있고, 같은 세대와는 페미니즘
을 중심으로 한 '젠더 전쟁'에 처해 있으며, '기후재난' 같은 전
세계 시민들의 공통된 위험에도 대응하며 살고 있다. 청년 여
성들에게 우울이라는 감정은 세대와 젠더, 기후재난의 갈등을
마주하며 전쟁 같은 일상을 살아내고 있다는 흔적, 혹은 그 고
단한 일상을 서로 이해하고 소통하고 나눌 수 있는 채널과 같
다고 느꼈다. 고통이야말로 사회를 이해하는 열쇠이자 암호라
는 한병철의 말처럼 이들의 고통은 숨겨진 우리 사회의 암호일
수 있다. 즉 청년 여성들의 우울에는 '우리'가 반영되어 있다.
청년 여성들이 '한국 사회의 일상'을 지켜내기 위해 거리로 나
온 것에 대한 관심만큼, 그들의 일상에 대해서도 관심을 가져
야 할 이유다. ▨

● 홍찬숙, 『한국 사회의 압축적 개인화와 문화변동』, 세창출판사, 2022.

AI가 아이들을
가르칠 수 있을까

이 재 포

디지털 교육 공동체를 지향하는 '협동조합 소요' 이사장.

달라진 도구, 달라진 도전

2022년 11월 챗GPT가 세상에 등장한 순간, 교육계는 한 번도 경험해보지 못한 격변의 소용돌이 속으로 빨려 들어갔다. 그리고 불과 2년 만에 그 변화의 속도는 우리의 상상을 훨씬 뛰어넘었다. 올해 초에 발표된 어도비 보고서●는 이러한 변화를 선명하게 보여준다. 미국과 영국의 교사 89%가 이미 학생들이 AI를 일상적으로 활용하는 모습을 목격하고 있다고 답한 것이다. 변화는 조용히 그러나 거침없이 교실을 휘젓고 있다.

전통적으로 학교는 새로운 기술 도입에 신중한 태도를 유지해왔다. 챗GPT 등장 초기, 로스앤젤레스 통합교육구가 이를 네트워크에서 차단하고, 케임브리지대학을 비롯한 여러 대학이 사용 금지를 선언했다. 이는 새로운 기술이 학업에 미칠 부작용을 우려한 전형적인 대응이었다. "이 도구가 질문에 빠르고 쉬운 답을 제공할 수는 있지만, 학업과 평생의 성공에 필수적인 비판적 사고와 문제해결 능력을 키우지는 못한다"는 위기의식이 그 배경에 있었다.

그러나 '차단과 금지'라는 대응 방식은 생성^Generative AI의 놀라운 능력 앞에서 한계를 드러냈다. 챗GPT와 같은 생성 AI는

● https://blog.adobe.com/en/publish/2025/01/22/creativity-with-ai-new-report-imagines-the-future-of-student-success

단순한 답변을 제공하는 것을 넘어 어려운 개념을 쉽게 설명하고, 다양한 관점에서 문제를 분석하며, 창의적인 사고를 자극하는 도구로 진화했다. 학생들은 개인 기기를 통해 이렇듯 강력한 AI와 자연스럽게 상호작용하기 시작했고, 교육자들 역시 점진적으로 이 도구의 잠재력을 인식했다. 결국 기존의 통제 중심 접근은 더 이상 현실적이지 않은 방식이 되었다.

교육의 일상을 들여다보면 변화의 물결이 더욱 뚜렷하게 드러난다. 한 고등학교 영어 교사는 챗GPT를 활용한 글쓰기 워크숍을 진행하고, 대학 교수는 AI를 활용한 토론 수업을 설계한다. 학생들은 AI를 학습 도우미로 받아들이고 있으며, 교사들은 이를 수업 혁신의 도구로 탐색하고 있다. 반면 미국 교육당국은 이제서야 AI 활용 가이드라인을 마련하기 시작했고, 학교들은 그간의 금지 정책을 수정하며 변화에 적응하려 애쓰고 있다. 이는 기술 혁신이 더 이상 위에서 아래로 내려오는 방식이 아니라, 아래에서 위로 전파되는 새로운 패턴을 보여준다. 코로나19로 촉발된 교육환경의 변화는 생성 AI라는 새로운 변곡점을 맞이했다. 마치 쓰나미가 해안선을 재정의하듯, 생성 AI는 교육의 지형을 다시 그리고 있다.

교육은 늘 기술의 발전과 함께 변화해왔다. 1920년대 라디오는 지식 전달의 범위를 넓혔고, 1950년대 텔레비전은 보고 들으며 배우는 방식을 열었다. 1980년대 개인용 컴퓨터가 학습에

종류	ChatGPT	MS Bing (Copilot)	뤼튼	클로바노트	타입캐스트	에이닷
언어모델	GPT-3.5(무료) GPT-4.0(유료)	LaMDA PaLM2	GPT-4.0 GPT-3.5(+16K) PaLM2	OCEAN	-	GPT-3.5
주요 기능	아이디어 생성, 문서 작성, 번역, 스크립트, 텍스트 요약, 데이터 분석/시각화			회의 녹음 요약	영상 제작 (가로, 세로)	통화 녹음 요약
Device	PC/Mobile					Mobile
이미지 생성	가능(유료)	불가	가능	-	-	-
가격	무료/유료	무료	무료	무료	무료/유료	무료
분임조 활용법	자료 검색, 아이디어 도출, 문서 작성, 경진대회 자료 정리, 스크립트 작성 등			회의록	발표 영상 제작	통화 내용 및 일정 저장

AI의 종류와 특징

도입되었으며, 1990년대 인터넷은 언제 어디서나 배울 수 있는 환경을 조성했다. 그러나 이런 변화들은 '어떻게 가르칠 것인가'라는 방법의 변화에 그쳤다.

생성 AI의 등장은 이런 흐름을 완전히 바꾸고 있다. 단순히 정보를 다루는 것을 넘어 문맥을 깊이 이해하고, 복잡한 문제를 해결할 뿐만 아니라 새로운 아이디어를 제시한다. 더 놀라운 것은 이 AI가 인간의 말과 글을 자연스럽게 이해하고 대화하며, 때로는 전문가보다 더 정확하고 깊이 있는 답변을 제시한다는 점이다.

특히 멀티모달multi-modal AI 기술의 발전을 주목할 만하다. 멀티모달 AI는 텍스트뿐만 아니라 음성, 이미지, 영상을 모두 이해하고 생성할 수 있다. 최신 AI는 이 기술을 활용해 보다 자연스러운 학습 경험을 제공한다. 학생이 질문하면 AI가 답변을 제공하는 것은 물론, 적절한 영상과 자료를 함께 제시한다. 이러한 발전은 AI와 인간 교사의 차이를 더욱 좁히고 있다.

교사가 없는 학교, 교실이 없는 학교

'만약 우리가 학교를 처음부터 다시 설계한다면, 배움의 공간은 어떤 모습일까?' 이 도전적인 질문을 텍사스 오스틴의 한 학교에서 실험적으로 구현하고 있다. 알파스쿨에서는 '교사'라는 직함을 찾아볼 수 없다. 대신, 학생들을 이끄는 새로운 역할로 '가이드'가 등장했다.

오전에는 'AI 기반 개별 학습' 시간을 갖는다. 어떤 학생은 편안한 공간에서 AI와 함께 수학을 탐구하고, 어떤 학생은 과학 실험 시뮬레이션에 몰두한다. AI는 단순한 평가자가 아닌 학습 파트너로서 "이렇게 생각한 이유가 궁금해요"라며 학생과 대화를 이어간다. 각자의 속도로 진도를 나가는 중에 가이드들은 조용히 학생들을 살핀다. 그들은 가르치는 사람이 아니라 학습의 동반자로, 학생이 좌절감을 보일 때 "네가 느끼는 어려움이 무엇인지 이야기해줄 수 있니?"라고 묻고, 함께 해결책을 찾아간다.

오후에는 학생들이 선택한 다양한 팀 프로젝트와 교과 외 활동이 진행된다. 팀별로 환경 데이터 분석, 지역사회 고령화 문제 연구와 같은 프로젝트를 수행하며, 가이드는 질문과 제안으로 프로젝트를 보조한다. '크로스 에이지 멘토링Cross-Age Mentoring' 시간에는 고학년 학생들이 저학년 학생들과 학습 내용을 공유하고 함께 공부하는 시간을 갖는다.

이 새로운 교육 실험은 가시적인 성과를 보이고 있다. 학생들은 전통적인 학교보다 2.4~2.6배 빠른 학업 성취를 보이며, 졸업생들은 명문 대학으로 진학하고 있다. 이에 따라 알파스쿨은 올해 애리조나에서 공립형 자율학교(차터 스쿨)를 시작하며 점차 다른 지역으로 확장할 계획이다. 알파스쿨의 사례는 AI를 통해 교육 방식과 교육자의 역할이 재구성되는 새로운 교육 모델을 보여준다.

또 하나의 사례로 칸미고Khanmigo가 있다. 2023년 봄, 칸아카데미의 창립자인 살 칸Sal Khan은 테드 강연에서 "우리는 지구상의 모든 학생에게 인공지능을 갖춘 놀라운 개인 교사를 제공할 것입니다"라고 선언했다. 칸미고는 이러한 비전이 구체화된 AI 학습 도우미이다. GPT-4를 기반으로 설계된 칸미고는 단순한 답변 제공을 넘어 소크라테스식 대화법을 구현한다. "다음 단계는 뭐라고 생각하나요?" 같은 질문을 던지며 학생의 사고 과정을 유도하고, 개념을 더 깊이 이해하도록 돕는다. 더 주목할 만한 점은 칸미고가 교사들의 동반자로서 수업 계획 작성을 돕고, 학생 평가에 대한 통찰을 제공하며, 개별 학생의 학습 진행

상황을 세밀하게 추적한다는 점이다.

특히 칸미고의 가장 큰 강점은 무한한 확장성이다. 특정 학교나 실험적 공간에 국한되지 않고, 인터넷을 통해 전 세계 학생들이 AI 교사를 만날 수 있다. 현재 미국 내 1천여 명의 교사와 학생들이 실제 수업에서 칸미고를 활용 중이며, 이미 1억 명 이상의 사용자를 보유한 칸아카데미의 플랫폼을 기반으로, 칸미고는 빠르게 확산되고 있다. 45개 언어로 확장하는 것도 준비하고 있다.

물론, 우려의 목소리도 있다. AI 중심의 학습 방식이 자기주도 학습 역량이 부족한 학생들에게는 적합하지 않을 수 있으며, 디지털 기기 사용 증가가 학생들의 인지발달에 미치는 영향을 면밀히 검토해야 한다. 더 현실적인 문제는 알파스쿨의 경우, 연간 2만5천~4만 달러(약 3,300~5,300만 원)에 이르는 높은 학비가 교육 접근성을 제한한다는 점이다.

칸미고 또한 "AI 기반 교육 모델이 무료로 지속가능할 것인가"라는 현실적인 문제가 남아 있다. 칸아카데미는 원래 무료 서비스로 시작했지만, 칸미고는 월 4달러(약 5,300원)의 유료 모델을 채택할 수밖에 없었다. AI 기술을 운영하는 데 필요한 방대한 컴퓨팅 자원과 지속적인 개발 비용이 문제로 작용했기 때문이다. 이는 AI 기반 교육이 소수의 거대 기업에 의존할 수밖에 없는 구조적 한계를 드러낸다.

드러나는 그림자, 깊어지는 고민

1961년 대중 과학기술 잡지 《파퓰러 메커닉스Popular Mechanics》는 "로봇이 당신의 아이들을 가르칠까요?"라는 질문을 던졌다. 60여 년이 지난 지금, 이 질문은 더욱 현실적인 고민이 되었다. "교사가 단순히 고급 보모가 되는 것은 아닌가?"라는 당시의 성찰적 물음이, 챗GPT와 직면한 어느 미국 교사의 "지금 내가 필요하기나 한 건가요?"라는 절실한 고백으로 되살아났다.

학술 저널 《MLN》 편집장인 리빙스톤 박사가 《타임》에 기고한 '챗GPT 때문에 나는 가르치는 것을 그만두었다'●는 생성 AI와 마주한 '가르치는 이'의 좌절과 고뇌를 담고 있다. 학생들이 챗GPT라는 편리한 도구에 의존해서 사고의 깊이를 포기하고 피상적 결과물만을 추구하는 모습 앞에서, 리빙스톤 박사는 교육의 본질적 가치와 현실 사이의 간극을 절감했다. 결국 그는 글쓰기를 통한 비판적 사고와 인지적 성장이라는 교육의 근본 가치를 지켜내기 어려운 현실을 마주하며 20년간의 교단 생활을 마무리하는, 쉽지 않은 결정을 내렸다.

20세기의 기계적 교육 도구들과 달리, 생성형 AI는 마치 숙련된 교사처럼 학생의 질문을 이해하고, 맞춤형 설명을 제공하며,

● https://time.com/7026050/chatgpt-quit-teaching-ai-essay

학생이 이해하지 못하면 다른 방식으로 다시 설명한다. 심지어 학생의 감정 상태를 읽으며 대화를 이어가기도 한다. 이는 '가르치는 일'에서 교사만이 할 수 있다고 여겨졌던 많은 역할을 AI가 수행할 수 있음을 의미한다.

최근 뉴욕대, 프린스턴대, 펜실베이니아대 공동 연구팀 논문에 따르면[*] 생성 AI의 영향력이 가장 큰 직군 상위 20개 중 14개가 교육 관련 직종이었다. 이는 2013년 옥스퍼드대 마틴 연구[**]를 근본적으로 뒤집는 결과다. 이러한 변화 속에서 교사들은 단순한 직업적 불안감을 넘어 교육의 본질에 대한 철학적 고민을 마주하고 있다. AI가 아무리 정교한 지식을 전달한다고 해도, 그것이 진정한 의미의 '교육'이 될 수 있는가? 통찰력의 발견을 돕고, 비판적 사고를 길러주며, 창의적 표현을 격려하는 교육자의 역할은 어떻게 재정립되어야 하는가?

또한 학생들의 AI 사용은 학문적 정직성을 위협한다. 캐나다의 학생들을 대상으로 조사한 바에 따르면 이미 59%가 AI를 사용하고, 그중 82%가 AI 생성물을 자신의 것으로 제출하며, 65%는 이것이 부정행위임을 알면서도 멈추지 못한다. AI 사용으로 학습의 질이 저하될 가능성 또한 크다. AI에 내재된 편견[bias]과

● https://papers.ssrn.com/sol3/papers.cfm?abstract_id=4375268

●● https://oms-www.files.svdcdn.com/production/downloads/academic/future-of-employment.pdf

환각^{hallucination}은 교육의 진실성에 의문을 던진다. AI는 훈련 데이터에 담긴 사회적, 문화적 편견을 그대로 반영하며, 때로는 이를 증폭시킨다. 특히 역사적 사실이나 과학적 개념을 설명할 때 나타나는 AI의 환각 현상은, 잘못된 정보를 마치 진리인 것처럼 전달함으로써 학생들의 비판적 사고 발달을 저해한다.

가장 우려되는 것은 AI가 교육 불평등을 구조적으로 심화시킬 수 있다는 점이다. AI는 단순한 도구가 아닌 인간의 지적 능력 증강을 돕는 기술이다. 뛰어난 학습자는 AI를 통해 더 깊은 통찰과 창의적 도약을 이루는 반면, 기초가 부족하거나 의지가 부족한 학습자는 인지적 발달이 정체될 수 있다. 여기에 AI 리터러시의 격차, 즉 AI를 활용하는 능력의 차이는 새로운 형태의 교육적 소외를 낳는다. 더욱이 소수의 거대 기술 기업들이 AI 교육 시장을 독점하게 된다면, 이는 교육의 공공성을 위협하고 불평등을 더욱 심화시킬 수 있다.

교육이 지닌 시차성은 이러한 변화의 심각성을 더욱 깊게 만든다. 지금 우리가 목격하는 혼란과 부작용은 빙산의 일각일 수 있으며, 더 깊은 곳에서 일어나는 변화들은 한참 뒤에야 그 실체가 드러날 것이다. 이미 열린 판도라의 상자 앞에서 우리에게 필요한 것은 단순한 기술적 효율성이 아닌, 교육의 본질적 가치와 인간적 차원을 지키면서 AI를 어떻게 통합할 것인가에 대한 철학적 성찰이다.

구글의 최고경영자 선다 피차이가 "인공지능은 불과 전기의 발견보다 더 본질적 변화를 가져왔다"고 말했듯 AI는 이미 우리 삶의 많은 영역을 재구성하고 있으며, 교육에도 근본적인 지형 변화를 가져오고 있다. "우리가 과연 필요한 존재인가"라는 교사들의 실존적 불안은 AI가 가진 잠재력을 웅변한다.

그러나 이러한 불안은 역설적으로 우리가 그동안 교육의 본질을 얼마나 온전히 구현하지 못했는지를 드러내는 신호일 수 있다. AI가 지식 전달에서 사람을 능가하는 것은 당연한 일이다. 오히려 우리는 이 변화를 통해 교육의 진정한 의미를 다시 발견할 기회를 얻었다. 교육은 결코 정보의 전달로 완성되지 않는다. 교육은 한 인간이 자신만의 생각을 키우고, 세상을 향한 호기심을 발견하며, 타인과 함께 성장하는 여정이다. AI가 제공하는 놀라운 효율성 앞에서, 역설적으로 '느림의 가치, 부족함의 가치'를 생각해야 한다. 실수하고, 고민하고, 때로는 멈춰 서서 깊이 사유하는 과정이야말로 진정한 배움의 본질이다.

무엇보다 우리 모두는 평생학습자가 되어야 한다. 변화의 속도가 빨라지는 시대에는 배움을 멈추는 순간 뒤처지기 시작한다. 이것이 AI 시대를 살아가는 교육자들과 부모들이 마주한 소명이자 운명이다. 한국 사회는 이 급격한 변화에 충분히 대비

하지 못하고 있다. 하지만 우리에게는 선택의 여지가 없다. 이제 AI 리터러시는 선택이 아닌 필수다. AI가 우리의 삶과 교육에 어떤 영향을 미치는지 이해하고, 그것을 어떻게 활용할 것인지 고민해야 한다. 변화는 이미 시작되었고, 우리는 그 한가운데에 있다.

우리가 던져야 할 질문은 '우리가 필요한가'가 아니라, '우리가 필요하려면 무엇을 해야 하는가'이다. "AI가 아이들을 가르칠 수 있을까?" 이 질문에 우리는 조심스럽게 "그렇다"고 답할 수 있다. 단, 한 가지 중요한 전제가 있다. 우리가 제 역할을 할 때에만 그렇다. AI는 교육의 도구이지 목적이 아니다.

디지털 세대의
읽기와 쓰기

정 아 름

대안학교에서 국어와 글쓰기를 가르치며 '즐거운 읽고 쓰기'에 대해 고민한다.
『시험 없는 진짜 국어 수업은 어때?』를 썼다.

"선생님, 오늘 '하니' 같아요!"

"달려라 하니?"

'독서와 글쓰기' 시간. 고2 연우의 말에 나는 한껏 웃으며 "달려라 하니" 노래를 불렀다. 아이들은 아이돌 그룹 EXID '하니'도 아니고 '달려라 하니'는 너무 했다며 경악했다. 나는 결국 아이들이 생각하는 뉴진스의 '하니'를 떠올리지 못했다.

글쓰기 시간에는 온라인 공유 게시판인 패들렛을 종종 이용한다. 패들렛에 올라온 다른 친구들의 글을 바로 읽을 수 있고 댓글로 피드백도 할 수 있어 좋다. 그런데 댓글마다 아이들이 같은 맞춤법을 틀렸다. '-았/-었'을 '-앗/엇'으로 쓰는 것이다. 의아한 나머지 혹시나 해서 물었더니 혜인이는 일부러 그랬다고 했다. "'갔다'는 너무 진지하잖아요. 근데 제가 말하고 싶은 건 좀 더 가벼운 느낌이거든요. '노래방에 갓다'처럼요."

아이의 설명에도 일리가 있었다. 기존 문법을 고스란히 지켜서는 전달할 수 없는 그 어떤 감정의 표현이 있는 것이다. 기쁨과 행복으로 가득찬 그 순간을 표현하려면 '해피'가 아닌 '햅삐'라고 써야 한다고, '흑흑'이 아닌 '흐규흐규'라고 써야 가벼운 슬픔의 느낌이 전달된다고. 아이들은 이렇게 시대의 흐름에 맞추어 언어를 재해석하고 창조해낸다. 이 정도면 아이들은 문해력이 떨어지는 것이 아니라, 그것을 뛰어넘는 수준이 아닌가. 그들 입장에서는 뉴진스 하니도 못 알아듣는 내가 문해력 떨어지는 교사 아닐까.

대부분의 국어 수업은 객관식 문제를 AI처럼 오차 없이 풀어내는 걸 가르친다. 특히 수능 국어에서 창의력과 상상은 방해만 된다. 아이들은 진이 빠지게 국어를 공부하지만, 수능이 끝나는 날, '읽고 쓰기'에 작별을 고한다. 기계가 아닌 아이들의 당연한 선택이다. 시험의 결과가 곧 등급이 되는 현실에서 어떻게 '글을 읽고 쓰는 것'이 즐거운 일이 될 수 있을까. 그럼에도 희망한다. 아이들이 좋은 글을 읽고 나서 나만의 좋은 글도 쓸 수 있다면, 등을 떠밀지 않아도 스스로 그렇게 하고 싶어진다면 얼마나 좋을까. 스마트폰을 한 손에 쥐고서도 말이다.

대안학교에서 추구하는 국어 수업은 달랐으면 했다. 오지선다형 문제에 전전긍긍하며 아름다운 국어를 짓밟는 일은 없어야 했다. 아이들이 자유롭고 새로운 '문학과 글쓰기'를 배우며 그 가치를 깨닫길, 아이들의 삶에 '읽고 쓰기'가 진심으로 행복한 일이 되길 바랐다.

11월이지만 아직 햇살이 좋아서, 중간시험도 끝나서, 글쓰기 시간에 아이들과 밖으로 나갔다. 한 학기에 한 번은 바람을 쐬는데, 아이들은 이날만을 기다린 것처럼 햇빛 속으로 달려간다. 이렇게 밖으로 나오면 아이들의 글이 달라진다. 바깥의 공기를 마시고 햇볕을 쬐고 가을 나무들을 보면서 걷고 달리며 살아난 아이들은 살아있는 글을 쓴다. "너의 마음은 무슨 색깔이야? 그 마음을 만져보니 느낌은 어때? 어떤 맛이 나?" 아이들에게 글쓰기 질문을 던져본다.

"무채색 유리 물방울의 마음, 텁텁한 느낌에 탁한 향기가 나는 마음, 호호 불지 않으면 데는 붕어빵 맛이 느껴지는 마음…." 아이들의 글을 읽다가 나도 모르게 종이 끝을 꽉 잡았다. 아이들의 문장 어느 부분도 문해력은 부족하지 않았다. 내 마음을 흔들어놓은 아이들은 아무렇지 않게 다시 놀이터에서 그네를 탄다. 다 큰 아이들이 미끄럼틀로 올라간다. 소리를 지르며 놀이터를 한 바퀴 돌더니 손을 흔든다. "너무 좋아요! 나오니까 진짜 좋아요. 선생님." 아이들은 세상을 만지고 느낀다. 그 소중한 핸드폰을 내게 던져두고서. 아이들 속에는 우리가 상상하는 것보다 훨씬 더 충만한 글들이 몽글거린다.

인공지능과 글쓰기

2학기 수업 준비를 하던 지난여름은 힘들었다. 타들어가는 더위만큼이나 나를 흔든 챗GPT 때문이었다. 그는 시도 대본도 소설도 척척 써냈다. 더구나 글의 수준도 온종일 붙잡고 있던 내 대본과 별 차이가 없었다. 처음에는 멈칫했고, 중간에는 화가 낳으며, 마지막엔 좌절했다. 그러나 과학의 발전을 온몸으로 막은들 무슨 소용이 있을까. 지금부터 고민해야 할 일은 아이들과 함께 이것을 '어떻게 사용할 것인가'이다.

마음을 다잡고 2학기 글쓰기 시간에는 'AI로 가상 인터뷰 기사 쓰기'를 시도했다. 아이들은 인터뷰 대상을 정하고 질문을 만들어 챗GPT에게 인터뷰를 요청했고, 그는 완벽한 맞춤법과 그럴듯한 문장력을 구사하며 인터뷰 질문에 답변했다. 기사의 서론과 결론은 AI가 작성한 내용을 읽은 다음, 스스로 생각해서 쓰게 했다. 신문기사가 낯선 아이들을 위해 직접 종이 신문의 기사를 보여주기도 하고, 먼저 작성한 아이들 글을 읽게 했더니 아이들은 고개를 끄덕이며 "음, 그런 느낌이요?" 하면서 글을 쓰기 시작했다. 스윽 스치기만 했는데도 아이들은 기사 쓰기의 감을 알아차린 것이다.

그렇게 가상의 '마리 앙투아네트', '기안84', '피카츄'와 인터뷰를 하고 글과 디자인을 완성해 학교 벽면에 게시했다. 아이들은 방학 내내 고민했던 나보다 새로운 디지털 기기와 새로운 프로그램을 훨씬 더 빠르게 습득하는 능력을 보여주었다. 아이들은 챗GPT를 경험하며 자연스럽게 장단점을 파악했다. 챗GPT로 기사를 쓰고 중2 성민이에게 물었다.

"챗GPT로 신문기사를 써보니까 어때?"

"날먹이요."

'날먹'이라니? '뉴진스의 하니' 때처럼 나는 또 멈춰섰다. '날먹'은 '날로 먹다'의 줄임말이란다. 챗GPT 글쓰기의 단점이 있냐고 물었더니 "예전 글쓰기보다 쉬워서 좋은데, 뿌듯함은 덜해요"라고 했다. "그래도 챗GPT로 쓰는 게 좋아요. 편하잖아요" 하면서 웃었다.

최근 유럽의 여러 나라에서 교실 내 디지털 기기를 금지한 사례처럼 기술에만 의존하다가는 교육의 본질을 놓칠 수 있다. AI가 제공하는 수많은 정보들을 여과없이 그대로 수용한다면, 그것은 아이들의 진짜 글이 아닌 그럴듯한 AI의 껍데기일 뿐이다. 그래서 AI가 준 정보를 자신의 말과 글로 다시 해석하여 통과시킬 수 있는 능력치를 국어 수업에서 미리 길러야 한다. 챗GPT를 활용하기 전에, 온전히 자신의 생각으로 글을 읽고 쓰는 연습을 먼저 한다. 그리고 챗GPT가 만들어낸 내용을 제대로 읽고 검토하여 재구성하는 과정도 반드시 거친다.

내비게이션의 안내를 받아 운전하는 것은 '날먹'일까? "챗GPT는 가성비가 좋아서 안 쓰는 사람만 손해"라는 아이들의 말처럼, AI 기술을 잘 활용하면 새로운 글쓰기에 도움을 받을 수 있다. 아이들은 챗GPT를 사용하면서 좋은 질문을 하는 법을 배운다. '어떻게 질문을 던지는가'에 따라 챗GPT의 답변이 달라지는 것을 경험하고, 더 좋은 답을 얻기 위해 더 구체적인 질문을 생각한다. 즐거운 '읽고 쓰기'의 목적지에 도달하기 위해 적절하게 AI의 도움을 받는 것도 꽤 괜찮은 방법이라는 걸 알게 되었다.

유튜브, 인스타그램, 게임 그리고 글쓰기

2학기 중간 수행평가를 본다고 예고했더니 아이들이 긴장했다. 어렵거나 복잡한 게 아니니까 편안하게 보라고 해도 아이들은 신경을 쓴다. 일반 학교를 경험하고 온 아이들은 습관처럼 시험 앞에서 구겨지고 쪼그라든다. 수행평가 종이를 받아든 아이들은 "이게 수행평가라고요?" 하더니 아리송한 표정을 지었다. '가나다라마바사아자차카타파하'를 첫 글자로 해서 각자 원하는 장르에 맞게 글쓰기를 하는 수행평가였는데 이내 아이들은 진지하게 글을 써내려갔다.

바: 바보처럼 울 뿐이었다.

아: '아마도'라는 무책임한 말로 얼버무리던 날들이

자: 자꾸 떠올랐다.

차: 차가운 뺨 위로 눈물이 떨어진다.

카: 카메라에는 담기지 못했을 내 마음은 이제 영원히 전할 수 없게 되었다.

아이들은 '가'부터 '하'까지 14글자로 좀비 소설과 먹방 유튜브 대본, 연애 편지와 감성 에세이까지 눈을 번뜩이게 하는 글을 썼다. 이런 수행평가라면 재미있겠다는 단순한 예상을 넘어 아이들은 훌륭한 작품을 만들어냈다. 가에서 하로 이어지는 문장들의 흐름은 유기적으로 연결되었고, 주제를 관통하는 글의 맥락은 기대 이상이었다. 호기심은 아이들에게 동기를 부여하고, 쓰고 싶은 마음이 생긴 아이들은 스스로 사고하며 글의 흐름에 따라 내용을 전개해나갔다. 요즘 아이들이 읽고 쓰기를 싫어한다고 말하지만 정말 그럴까 싶을 때가 많다. 흥미로운 수업과 평가 방법을 통해 아이들은 글쓰기에 날개를 단다. 한번 쓰기 시작하면 수업이 끝나도 "조금만 더요!"라고 외치는 아이들도 있다.

아이들은 유튜브와 인스타그램과 게임을 원한다. 동시에 재미있는 이야기를 읽고 쓰길 원한다. 다만 후자를 경험할 기회가 별로 없을 뿐이다. 우리는 지금까지 어른들이 정한 기준에서 아이들의 문해력을 판단했다. 한자어와 맞춤법을 잣대로 강요하면서 아이들의 언어와 세계는 이해하지 않았다. 수업을 통해 내가 경험한 바로, 아이들은 충분히 잘 읽고 잘 쓴다. 시험에 묶인 국어를 더듬더듬 가르치며 아이들의 문해력을 운운하는 것은 억지다.

아이들이 스스로 글을 읽고 쓸 수 있도록 물꼬를 터주어야 한다. 밖으로 나가 세상을 보고 만지며 나와 타인을 알아가는 경험, 창의력과 상상력을 발휘할 수 있는 새로운 수업과 평가, 시대의 흐름에 맞는 기술들을 효과적으로 활용하는 방법을 통해 아이들의 문해력과 글쓰기는 더욱 살아날 것이다. 여기에서 '달려라 하니'와 '뉴진스의 하니'가 만난다. 그곳은 즐거운 '읽고 쓰기'를 '날먹'하는 새로운 광장이다. ◣

정보가 넘쳐나는 시대의 균형 육아

안 유 림

엄마가 된 지 5년, 워킹맘으로 생활한 지 3년.
일과 육아를 병행하며 속이 답답할 때마다 글을 쓰고 있다.

처음 만난 세계

엄마들에게 세상은 둘로 나뉜다. 아이를 낳기 전의 세상, 아이를 낳은 후의 세상. '전생'과 '현생'이라고 불릴 만큼 극명하게 다른 세상이다. 나는 본래 아이를 좋아하는 성향도 아니었고, 혀 짧은 소리나 상냥한 말투와는 거리가 먼 사람이다. 아이를 낳을지 말지에 대한 확신도 없었다. 다만, 혹시 아이를 낳는다면 '저런 엄마는 되지 말아야지' 하는 건 있었다. 카카오톡 프로필 사진을 아이 사진으로 바꾸고, 각종 SNS에 아이 사진을 도배하는 엄마. 그런 엄마는 되지 말아야지 했다. 아이의 얼굴 뒤에 숨어 내 독립적인 정체성을 잃고 싶지 않았다.

그런데 엄마가 되고 보니 새로운 세상이 펼쳐졌다. 도도하고 콧대 높게 굴던 전생의 내가 흔적도 없이 사라졌다. 엄마 역할은 처음이라는, 너무나 당연한 이 사실을 엄마가 되기까지 알지 못했다. '엄마'라는 존재는 언제나 곁에 있었고, 세상에 너무나 많이 있기에 익숙하다고 생각했다. 그런데 자신이 엄마가 된다는 건, 익숙하지도 당연하지도 않은 일이었다. 아무도 '엄마는 이렇게 해야 돼'라고 알려주지 않는 게 이상했다. 정부에서 왜 '엄마의 정석' 가이드라인을 내려주지 않는 걸까 생각한 적도 있다. 그런 내가 선택한 건 책과 SNS였다.

각종 육아서를 사들였다. 아이가 왜 우는지, 왜 안 자는지, 왜 안 먹는지 모를 때마다 육아서를 샀다. 엄마들의 고충을 써놓은 책, 수면 교육법에 관한 책, 이유식 책, 아이의 발달 단계별 놀이 책 등등. 책장은 주옥 같은 책들로 금세 가득 찼다.

책으로 육아를 배운 나는 책에 담긴 내용 그대로 아이에게 적용시켰다. 뿐인가. 온라인에서 유명하다는 육아 컨설팅도 몇 차례 받았다. '종달새 기상하는 아이 바꾸는 방법'이라는 수면 관련된 컨설팅이었다. 종달새 기상이란 평균적인 기상 시간인 아침 6시~7시보다 일찍 일어나는 걸 말하는데, 우리 아이가 그랬다. 두 돌 때까지 새벽 4시에 일어났다. 밤 9시에 잠들어 새벽 4시면 일어나는 아이 때문에 나는 미칠 것 같았고, 답답한 마음에 자료를 찾다가 급기야 컨설팅까지 알아본 거다.

종달새 기상을 고치는 데는 두 가지 방법이 있다고 했다. 하나는 아이의 하루 스케줄을 조금씩 조정해서 취침 시간을 늦추기. 그러다 보면 자연스레 기상 시간도 늦어진다는 것이다. 또 한 가지 방법은 4시에 일어나는 아이를 3시에 잠깐 깨우는 것. 이때 핵심은 '잠깐' 아이의 수면 리듬을 건드려 기존에 일어나던 시간대에는 자도록 만드는 방법이다. 그러나 새벽 4시에 일어나는 것도 힘든 엄마가 3시에 일부러 깨서 아이를 흔드는 것은 거의 불가능했다. 게다가 아이가 잠깐 깨는 게 아니라 완전히 깨버리면 대략 낭패였다. 결과는 당연히 이론대로 되지 않았다.

하지만 여전히 열정 넘치는 초보엄마는 새로운 세계를 기웃거리기 시작했다. 바로 SNS와 유튜브였다. 온라인 세계엔 내가 궁금해 하는 내용들이 무궁무진했다. 심지어 사람들이 직접 등장하니 책보다 훨씬 흥미진진했다. 아이 재우는 법, 밥 먹이는 법, 아이의 언어발달 등등을 몇 번 검색하고 나면, 자동으로 모든 피드에 육아 관련 게시물이 등장했다. 소아과를 가지 않아도 유튜브에서 유명한 소아과 의사선생님들이 진료를 봐줬다. '아이가 이런 증상이 있다면? 놓치지 말아야 할 신호!'와 같이 꼭 봐야 할 것 같은 콘텐츠들이 넘쳐났다. 하루 종일 유튜브만 봐도 모자랄 것 같았다.

'우리 아이가 자폐인 줄 몰랐다면?' 같은 실제 엄마들의 콘텐츠들도 끊임없이 올라왔다. 엄마의 불안과 호기심을 발동시키는 영상들을 보고 있는 시간이 아이의 얼굴을 보는 시간보다 늘어났다. '내 아이를 잘 키우기 위해서'라는 명분으로. 그렇게 내 유튜브 계정은 초보엄마의 불안을 소비하는 육아 콘텐츠들이 '나중에 볼 영상'으로 매일 저장됐다.

유튜브가 '걱정 마, 무엇이든 알려줄게'라며 정보를 주었다면, SNS는 '너만 힘든 게 아니야' 하면서 초보엄마의 고립감과 외로움을 해소해주었다. 그렇게 빠져든 육아 인스타그램엔 남의 집 아이들 사진과 영상으로 가득했다. 천진난만한 아이들의 사진과 영상을 보면서 마음의 빗장이 풀렸다. '인생이 심심하다면 아들을 키우세요'와 같은 유머들도 포진해 있었다.

그렇게 화면을 넘겨가다 보면 어느덧 본론이 등장했다. '그래도 아이에게 좋은 음식 먹이고 싶은 마음은 같으니, 이거 어때요? #내일 오픈합니다!' 공구(공동구매) 예고 피드였다. 일면식도 없지만 인스타그램에서 '같은 엄마끼리'라는 엄청난 친밀감을 쌓은 나는 인플루언서 엄마들의 공구에 자발적으로 참여했다. '같은 엄마끼리, 자기 아이 얼굴 걸고 거짓말할 리가 있어?'라는 논리가 망설임 없는 지출의 근거였다.

SNS에는 '육아는 템빨(아이템+빨)'이라며 편한 육아를 위해, 혹은 아이의 미래를 위해 무조건 사야 한다는 제품들이 넘쳐났다. 그중에 특히 내 소비욕을 부추긴 건 영양제였다. 이 아이템은 특히 나 같은 워킹맘들의 죄책감을 건드렸다. '아이가 어린이집 다니면서 자주 아픈가요?' '잠 설치는 우리 아이, 엄마의 무관심으로 방치해두실 건가요?' 등등. 워킹맘들은 아이가 심하게 아픈 게 아니면 어린이집을 보낸다. 아니, 보내야만 한다.

그런데 문제는 확실히 아이들은 기관을 다니면서부터 자주 아프다는 것. 각종 감기부터 유행병에 노출되니, 소아과를 문턱이 닳도록 드나들게 된다. 워킹맘들은 가뜩이나 없는 시간을 쪼개 소아과 '오픈런'을 뛰고, 어린이집 등원 자체가 안 되면 느닷없이 휴가를 쓰는 일도 많다. 그러다 보니 각종 비상약과 영양제들을 사 모은다. 좋다는 영양제를 사는 것만으로도 내가 일하는 대신 아이에게 무언가를 해주고 있다는 안정감이 든다. 일종의 보험 심리랄까. 한번 인스타그램 광고 링크를 타고 구매를 하면, 그와 유사한 피드가 끝없이 올라왔다. '우리 아이 이것 먹고부터 소아과 안 가요'라는 광고 문구에 홀랑 마음을 뺏겨 하나씩 사들이다 보면 정작 유통기한 내에 다 먹지도 못했다.

아이가 조금 크면서 각종 식자재도 SNS 공구로 사게 됐다. 어느 날 남편이 물었다. "이 김은 어디서 샀어?" 나는 "인스타그램에서 팔로우하는 엄마가 공구하는 건데?" 했다. 좋은 물건을 싸게 산 자신을 자랑스러워하면서. 그랬더니 남편이 다시 물었다. "대기업은 시제품 테스트도 하고 소비자평가도 받아보고 하는데, 이건 문제 있으면 어떡하려고? 그 엄마한테 따질 거야?" 나는 어안이 벙벙했다. 그럴 리가 있나. 같은 엄마끼리….

그러고 보니 친구가 일명 '인플루언서 맘'과 그 아이를 만난 이야기를 해줬었다. 인스타그램에서 유명한 엄마의 아이가 친구 아이와 같은 반이 됐다. 친구 아이가 학교에서 좋지 않은 일에 연루되었는데, 그 인플루언서 맘의 아이가 가해자였던 것. 문제는 그 아이와 엄마의 태도가 안하무인이었던 거다. 그 엄마의 인스타그램에는 각종 긍정적인 육아 문구와 훈육 방법들이 정리돼 있는데, 실제 아이와 엄마를 만나보니 그 위선에 치를 떨게 됐다고 한다. 물론 다 그렇진 않지만, 이런 경우도 있다는 말에 정신이 번쩍 들었다. 실제로 공구는 업체에게 수수료를 얼마간 받고 진행하는 건데 내가 너무 '엄마'라는 공통분모에 '아묻따'(묻지도 따지지도 않고) 소비를 했구나 싶었다.

지금 이 순간의 육아

인스타그램이 달콤한 위로만 준 건 아니다. 보기 싫어도 보게 되는 '뼈 때리는' 피드들도 많았다. '내가 다시 아이를 키운다면 절대 하지 않을 10가지' '아이와의 밥상머리 대화 십계명' 등등 곳곳에 초보엄마들에게 회초리 드는 글도 가득했다. 그저 회초리였으면 괜찮을지도 모르겠다. 때로는 내 문해력을 테스트하는 글들도 많았다. '다정하지만 단호하게', '친절하게 무시하라'는 애매모호한 문구들도 여전히 유행 중이다. 어떤 뜻인지는 알겠지만, 정사각형 인스타그램 피드 1~2장에 담기엔 너무나 심오한 이야기들이 끊임없이 반복되었다. '너는 아직 이것도 모르고 있니?' 핀잔하듯이 말이다.

사실 그 이야기들은 대개 책에 나오는 내용이거나, 전문가 인터뷰의 발췌문들이다. 하지만 인스타그램에는 앞뒤의 문맥은 생략한 채 특정 문장 혹은 문단만 편집해서 올라온다. 더 짧게 더 쉽게 더 예쁘게 잘라서 엄마들 입에 쏙 넣어준다. '바쁠 텐데 이것만 알아두면 돼요' 하고 말이다. 그럼 나 같은 엄마는 '그래 그래, 맞아 맞아' 하면서 또 하트를 꾸욱 누른다. 하트를 꾸욱 누르면, 마치 내 머릿속에도 정보가 그대로 저장되는 것 같았다. 이런 SNS 활동이 나를 '트렌디한 엄마'로 만들어주는 것 같은 뿌듯함도 밀려왔다.

아이의 수면교육법을 검색하던 한 살, 이유식 정보를 찾아보던 두 살, 발달 상황을 검색하던 세 살을 지나 요즘 알고리즘엔 '훈육'에 관한 콘텐츠들이 뜬다. 여전히 어디선가 편집된 콘텐츠에 빠져든 엄마 곁에서 아이는 곧 다섯 살이 된다. 내가 휴대폰을 보고 있으면 아이도 휴대폰을 보고 싶어 했다.

문득 이런 생각이 들었다. 이러다 아이는 SNS를 보는 엄마의 얼굴만 기억하는 건 아닐까. 내가 혹시 아이가 깨어있을 땐 유튜브를 보고, 아이가 잠든 후엔 SNS에 올릴 아이의 사진을 보는 '보여주기식 육아'에 중독된 걸까. SNS에 올라오는 다른 아이들을 보며 '얘는 이렇게 잘 먹고, 잘 자고, 말도 잘하는데 우리 애는 왜 이래?' 하는 비교의 마음이 드는 것도 사실이었다. 나는 어떤 엄마가 되고 싶은 걸까. 어떤 아이를 키우고 싶은 걸까? '온라인 육아'의 함정은 바로 이 질문을 잊게 만드는 데 있었다. 남들이 던지는 질문, 남들이 찾아낸 답을 소비하는 데 많은 시간을 보내다가 말이다.

나는 적당히 조율할 자신이 없었다. 그래서 SNS 피드를 끊었다. 나만의 육아 데이터가 쌓이고 나만의 육아 알고리즘이 만들어질 때까지는 남이 찾아놓은 답만 베껴 쓰는 일을 그만하기로 했다. 다른 이들이 만들어놓은 육아 알고리즘을 소비하는 일이 나와 아이의 성장을 오히려 지연시키고 있음을 깨달았기 때문이다. 내 기준 없이, SNS에서 좋다는 이 방법 저 방법을 갖다 쓰기만 하니 아이의 식습관도 이랬다 저랬다 했다. 어느 날은 무조건 처음부터 끝까지 혼자 먹으라고 했다가, 어느 날은 엄마가 책을 읽어주면서 먹게 했으니 아이의 식습관이 제대로 자리 잡지 못한 건 당연하다.

'지난달보다 1시간 30분 휴대폰을 덜 사용했다'는 데이터 알림이 떴다. 그 시간만큼 아이의 얼굴을 들여다봤을 것이다. 머릿속이 점차 고요해졌다. 갖가지 '해야 한다'는 피드와 '절대 해선 안 된다'는 피드들이 힘을 잃어갔다. 그러고 보니 몰라도 괜찮았을, 아이와 내게 그다지 도움 되지 않는 꿀팁들이 많았다는 걸 깨달았다. SNS을 끊고도 아이와 나는 별문제 없이 잘 지낸다. 아니, 오히려 남과 비교하지 않으니 마음이 더 편해졌다.

아이가 어느 날 말했다. "엄마 눈이 바다 같아. 내 얼굴이 비치네." 그 순간의 감동이 잊히지 않는다. 진짜 육아는, 바로 이렇게 서로의 눈동자를 바라보는 순간에 있을지 모른다. 내가 온라인 세계를 헤매다가 놓쳤을지 모르는 바로 그 순간에. ◼

오지랖 넓은 엄마가 되기로 했다

권 주 리

'아주 특별한 예술마을' 대표로 발달장애 아동과 청소년을 위한 공연과
예술교육을 진행한다. 『사랑에 장애가 있나요?』 『엄마 휴직을 선언합니다』
『장애와 돌봄』을 썼다.

하원 후 평화로운 일상이었다. 다섯 살이 된 아이가 친구들과 놀이터에서 놀고 있었다. 갑자기 아이가 미끄럼틀을 타려고 계단을 올라가던 친구를 옆으로 밀치고 먼저 계단에 올라섰다. 그 모습을 보자마자 나는 아이에게 큰 소리로 외쳤다. "이리 와. 엄마 앞으로 와. 지금 뭘 한 거야?" 순서를 지켜 올라가야지, 왜 다른 친구를 밀고 먼저 올라가냐고 평소와 다르게 눈에 불을 켜고 자신을 혼내는 엄마를 보고 아이는 눈물을 뚝뚝 떨어뜨렸다. 하지만 명백하게 잘못한 일이라 별다른 말대꾸도 하지 못했다. 아이는 눈물을 멈추고 스스로 감정을 정리할 때까지 놀이터 한쪽에 따로 있었다. 다른 엄마들은 나를 보며 이렇게 말했다.

"아이가 이 상황을 잘 이해하네요. 화내지 않고 잘 참아낼 줄 아네요?"

마음속에 뿌듯함이 차올랐다. '훈육은 이 정도로 해야지, 안 되는 건 안 되는 거라고 정확히 알려줘야지. 아무리 어린아이라도 배워야지. 부모라면 제대로 가르쳐야지. 바로 나처럼.' 내 아이가 평소에 규칙을 잘 지키며 바른 생활을 하는 것이 바로 나의 훈육, 부모 됨의 증명이라고 생각했다.

연극 강사 15년 차. 아이들을 만나 연극 수업을 하는 것이 나의 직업이다. 이 말인즉슨 연극 수업을 원활히 진행하기 위해 아이들을 적절히 훈육하는 것이 내 직업의 필수 요소라는 뜻이다. 다음이 없는 것처럼 아이들과 신나게 노는 동시에 엄한 선생님이었던 나는 아이를 낳고 자연스럽게 '선을 정확하게 지키는 엄마'가 됐다. 아이가 5개월이 되고 혼자 의자에 앉기 시작했을 무렵부터 식사 시간에는 처음부터 끝까지 자리에 앉아서 밥을 먹게 했다. 쫓아다니며 아이 입에 밥을 넣어주는 일은 한 번도 없었다. 식사 시간에는 한자리에 앉아 밥을 먹는 것이 지켜야 할 '선'임을 아주 어릴 적부터 가르치고 싶었다.

두세 살이 되고 그 또래 아이들이 흔히 보이는 떼쓰기를 시작해도 선을 정확히 지켰다. 마트나 길거리에서 자신이 원하는 대로 안 된다고 드러눕는 아이 앞에서도 눈 하나 깜빡하지 않았다. 순간을 모면하기 위한 사탕발림 같은 건 하지 않고 정확히 이 상황을 설명한 후 아이를 기다렸다. "아니, 안 되는 건 그냥 안 되는 거야." 아이는 몇 번의 드러누움 끝에 깨달은 것 같았다. '아, 우리 엄마는 내가 이렇게 해도 어차피 안 들어주는구나.' 그 후로 그런 떼쓰기는 반복되지 않았다.

안 되는 것 외에는 다 되는 우리 집. 아이가 엄마와 함께 수영장에 가고 싶다고 말해서 주 1회 하원 후 함께 수영하며 온 힘을 다해 논다. 꽃게를 보고 싶다 하면 인천 앞바다까지 한걸음에 달려가 함께 바짓단을 걷고 게를 잡는다. 놀이터에서 같이 술래잡기하고 싶다고 말하면 운동화 끈을 질끈 매고는 달리고 또 달린다. "저 집은 엄마가 더 재밌게 노네"라는 말도 종종 듣는다. 사회적인 규칙만 지킨다면, 다른 사람에게 피해만 끼치지 않는다면 우리 집에는 안 되는 것이 없다. 하지만 문제는 세상 사람들 모두가 내 맘 같지 않다는 것이다.

엄마들 세계의 불문율

아이가 어린이집에 다니기 시작한 후로 아이 친구 엄마들의 세계에 본격적으로 발을 들여놓았다. 그 세계에는 암묵적인 룰이 있다. '다른 아이의 행동에 대해 그 아이 엄마 앞에서 말하지 않기'.

한 아이가 무언가 자기 맘에 안 드는 일이 생겼다며 엄마의 정강이를 발로 계속 찬다. 엄마가 "하지 마"라고 말하지만 아이는 그럴 마음이 전혀 없다. 왜냐? 엄마가 말 외에는 어떠한 제지도 하지 않으니까. 아이들이 어울리다 보면, 서로에게 영향을 주는 행동도 반복해서 일어난다. 놀이터에서 순서를 지키지 않고 마음대로 놀이기구를 이용하는 것은 기본이고, 놀이 중에 친구들이 자기가 원하는 대로 움직이지 않는다며 화를 내고 남을 때리는 경우도 다반사다. 물론 아이들은 이런 갈등 상황을 해결하며 세상을 배우지만, 지속적으로 비슷한 갈등이 반복된다면 어른의 적절한 중재가 필요하다. 하지만 많은 엄마들은 그런 행동에 대해 어떠한 훈육도 하지 않았다. "아이들은 다 싸우면서 크는 거죠"라면서 웃기만 했다. 그 자리에서 동동거리는 사람은 항상 나뿐이었다.

심지어 미술관이나 박물관 같은 실내 공간에서 아이가 시끄럽게 뛰어다니며 전시품들을 만져도 아무런 제지를 하지 않는 부모도 있었다. '만지지 마시오', '들어가지 마시오'라는 팻말이 붙어 있어도 아이가 원한다면 그냥 두었다. 물론 이런 사례는 지극히 개인적인 경험이라고 할 수 있지만 실제로 일어나는 일이고, 그 빈도가 절대 낮지 않음을 매번 느낀다.

이런 세상에서 '정확히 선을 지키는 엄마'인 나는 늘 혼란스러웠다. 엄마의 정강이를 차고 있는 아이에게 다가가 발을 확 잡고 싶었고, 뛰지 말라는 팻말을 무시하고 뛰어다니는 아이의 손목을 잡고 눈을 보며 엄하게 말하고 싶었다. "여기선 뛰면 안 돼!" 하지만 '다른 아이의 행동에 대해 말하지 않을 것'이라는 엄마들 세계의 암묵적인 룰을 쉽게 깰 수 없었다. 말하는 순간 나는 '남의 아이를 지적하는, 선 넘는 애 엄마'가 되기에, 참고 참다가 최대한 친절하게 말했다. "그건 좀 위험해. 안 했으면 좋겠어." 하지만 그런 말은 "왜 우리 애한테 하지 말라 그래요. 그냥 둬요. 뭐 어때요"라는 그 아이 엄마의 퉁명스런 말과 흘기는 눈빛으로 돌아왔다. 나는 더 이상 아무 말도 할 수 없었다.

그 대신 내 아이를 더 엄하게 훈육했다. 어찌 보면 그리 혼날 일이 아님에도 되려 더 혼났다. 미끄럼틀 계단에서 앞서 가던 아이를 밀친 행동은 사실 내 아이가 아니라 그 자리에 함께 있던 다른 아이가 먼저, 더 많이 했다. '줄 선 순서대로 이용한다'는 놀이터의 규칙을 지키지 않는 아이를 전혀 훈육하지 않는 그 엄마를 보고 화가 나서 내 아이를 더 혼냈다. 그 부분이 억울했던 아이는 그래서 더 아무 말도 못하고 눈물만 흘렸을 수도 있다. 나는 아이를 혼내지 않는 엄마들에게 불평불만을 표하기 위해 내 아이를 더 엄하게 훈육했다. '날 좀 보고 배우라고, 나처럼 아이를 잘 훈육하라고. 나와 내 아이가 불편하지 않게 단속하라고!'

어머님, 아이는 아직 다섯 살입니다

훈육과 부모 됨에 대한 고민에 빠져 한참을 헤매던 나날들. 어린이집에서 개별 상담을 할 때 선생님이 하신 말씀을 계기로 나는 이 문제를 다시 정리하기 시작했다. "어머님께서 아이가 아직 다섯 살임을 가끔 잊으시는 것 같아요. 어린이집에서 혼날 일이 있으면 다른 친구들은 크게 울거나 하는데 ○○이는 혼자 슬픔을 참아요. 그래서 오히려 역효과가 있어요. 규칙을 지키지 않고 선을 넘는 친구들 때문에 아이가 스트레스를 많이 받아요. 그런 경험이 반복되다 보니 싸움이 일어나기도 해요. 아직은 지켜야 할 선에 대해 강하게 훈육하기보다는 아이가 직접 경험하고 배우며 깨달을 수 있도록 부모님께서 조금 너그러워지셨으면 좋겠어요."

처음엔 지난날의 훈육 방식에 대해 많이 반성했다. 아직 어린아이임을 잊고 나의 기준을 적용하여 혼낸 날들이 마구 스쳐 지나갔다. 훈육이란 이름의 독재로 아이를 '잡았던' 건 아닐까 돌아보았다. 그 후로 꽤 오랜 시간 동안 아이에게 좀 더 너그러워지고자 노력했다. 은근슬쩍 선을 넘는 행동도 여러 번 못 본 척했다. 하지만 시간이 지날수록 다시 의구심이 들었다.

'아무리 그래도 안 되는 것은 안 되는 것이라고 그 시점에 정확히 가르치는 것이 부모의 몫 아닌가? 타인에게 반복해서 피해를 줘도 그 자체를 직접 경험하고 스스로 깨달을 수 있도록 기다리란 말인가?' 결국 얼마 못 가 나는 다시 아이에게 단호하게 말하기 시작했다. "아니, 안 되는 건 그냥 안 되는 거야." 아이에게 사회 규칙을 정확하게 알려줘야 한다는 핑계를 앞세워 여전히 자신의 아이를 훈육하지 않는 다른 엄마에게 또 은근한 불평불만을 하기 시작했다. 야단치는 나도 지치고, 훈계를 듣는 아이도 지치고, 그걸 지켜보며 마음 한쪽이 불편한(그런지 아닌지 솔직히 잘 모르겠지만) 다른 엄마들도 지쳐가는 듯했다. 아, 이 상황을 해결할 수 있는 다른 방법이 없을까?

고민하던 중 온라인 북토크에서 반가운 소리를 들었다. 『엄마라는 이상한 세계』의 저자 이설기는 "아이를 키우는 일이 엄마혼자만의 일이 아님을 그 자리에 있는 모두가 인식할 수 있도록 종종 제가 직접 다른 아이를 훈육합니다. 이 시대의 양육이개인의 책임이 아니라 공동체의 책임임을 인식할 수 있도록요"라고 말했다. 천군만마를 얻은 느낌이었다. 그래, 내가 내 아이를 포함하여 모두를 혼내는 '오지랖 넓은 엄마'가 되어야 하는이유는 육아가 부모가 오롯이 책임져야 하는 '시험(성적표)'이아님을 말해야 하기 때문이구나!

그 후로 다른 사람들에게 소리 없는 불평불만을 하기 위해내 아이를 더 혼내는 일을 그만두었다. 대신 그 아이에게 직접말하기 시작했다. 시동이 켜진 내 자동차의 문을 여닫는 행동을 반복하는 아이에게 "차 문은 무거워서 어른이 열어야 해. 혼자 여닫다가 너도, 안에 있는 사람도 손가락이 끼어서 다칠 수있어. 다음부터는 이모한테 차 안을 구경해도 되느냐고 먼저물어봐 줄래?" 친절한 말투와 웃음 띤 얼굴로 말이다. 엄마들세계의 룰을 깨는 순간이었지만 '나는 당신의 아이에게 악의가없다. 다만 당신 아이의 행동이 지금 나와 다른 사람들에게 불편함을 주고 있다는 사실을 알려주고자 한다'라는 메시지는 확실히 전했다. 이쯤 말하면 대부분은 겸연쩍은 표정일지라도 어떤 의미인지 알아듣는다. 간혹 여전히 "우리 애한테 왜 그래요. 애, 기죽게"라고 말하는 사람도 있지만 신경 쓰지 않기로 했다.

요즘은 어디든, 아이들이 함께 오는 모임에서 늘 '저 엄마' 역할을 맡고 있다. "저 엄마는 왜 저렇게 애들을 혼내?"라는 말 속의 바로 '저 엄마'. 내 아이, 남의 아이 관계없이 훈육이 필요한 상황이라면 모두를 혼낸다. 안 되는 것은 안 되는 것이고, 내 것만큼 타인의 것도 소중하게 생각해야 한다는 것을 가르친다. 이런 나를 꼰대나 선 넘는 엄마라고 불러도 상관없다. 나는 부모로서, 공동체의 일원으로서 마땅히 해야 할 일을 하고 있기에 전혀 부끄럽거나 민망하지 않다.

많은 부모가 아이를 제대로 훈육하지 않는 이유는 대개 두 가지일 것이다. 강한 훈육이 아이에게 상처를 줄까 염려되어서, 혹은 훈육을 시도했으나 잘되지 않았고, 대체 어떻게 해야 하는지 잘 모르겠어서.

첫 번째 경우는 부모들이 훈육과 아동학대를 혼동하기 때문에 일어난 문제라고 본다. 훈육은 적절한 사회적 규범을 가르치는 것이고, 아동학대는 신체적 · 정신적 · 성적 폭력이나 가혹 행위를 하는 것이다. 아이의 말을 중간에 끊었다고 해서, 아이의 잘못된 행동을 지적한다고 해서 그것이 아동학대가 되어 아이에게 트라우마로 남는 것은 아니다. 오히려 아동기에 제대로 된 훈육을 하지 않고 넘어가는 것이 아동학대 아닐까? 그 아이가 그대로 성장하여 겪게 될 수많은 갈등 상황을 알고도 내버려두는 행위니까 말이다.

두 번째 경우가 더 어렵다. 부모가 된 대부분의 성인은 그 전까지 어린이를 상대해본 적이 거의 없다. 먹이고, 입히고, 재우는 최소한의 돌봄도 힘든데 적절히 훈육까지 하라니, 이 얼마나 어려운 일인가! 게다가 종일 직장에서 씨름하다 돌아와 아이와 사소한 것(처럼 보이는 엄청난 것)을 두고 또 씨름하자니 너무나 힘들다. 그냥 그러려니 하고 못 본 척 넘어가고 싶다. 그게 제일 쉬운 방법이니까.

하지만 육아의 목적은 '성인으로의 온전한 독립'이라 하지 않는가. 세상 어떤 부모에게 물어도 자기 자녀가 '타인에게 피해를 주더라도 내 것을 먼저 챙기는, 이기적인 인간으로 자라기를 바란다'고 답하는 이는 없을 것이다. 아이들은 늘 경험하며 배우지만 그 과정이 언제나 옳은 방향으로 흘러가는 것은 아니다. 그럴 때 부모 그리고 사회는 아이들을 지켜보면서 옳고 그름에 대해 가르쳐줄 의무가 있다. 엄한 훈육은 모두 함께 잘 살아보자는 다짐에서 비롯된다. 내 아이뿐 아니라 세상 모든 아이들이 잘 자랄 수 있게 돕는 '오지라퍼 엄마'가 되고 싶다.

기울어진 교육

마티아스 도프케 외 씀 | 김승진 옮김 | 메디치미디어 | 23,000원 | 2019

자녀를 위한 부모의 합리적 선택이 실은 개인의 선택이 아니라고?
젊은 두 경제학자가 소득 불평등 지수의 나라별 차이와 시대에 따른
변화를 관찰하면서 이것이 부모들의 양육 방식과 '좋은 양육'에 대한
사회적 통념에 영향을 미친다는 사실을 각종 자료들로 입증한다.
부모의 관여가 자녀의 학업 성취에 미치는 효과, 부모가 자녀와 함께
보내는 시간의 증가 등을 통해 오늘날 양육이 어떻게 강도 높은 노동이
되어가는지를 보여준다. 나라별 불평등 지수를 비교해 경쟁이 심할수록,
복지 기반이 약할수록 부모들은 권위적인 양육 방식을 택하게 됨을
밝혀낸다. 부모의 과도한 교육열을 탓하거나 입시 제도를 바꾼다고
우리가 바라는 교육개혁을 성취할 수 없음을 시사한다.

한나 아렌트, 교육의 위기를 말하다

박은주 씀 | 빈빈책방 | 20,000원 | 2021

학생중심, 학습자중심 교육이 시대적 흐름이 된 지금, 아렌트의 저서
『인간의 조건』과 『교육의 위기』를 기반으로 가르침이 갖는 의미와
가치를 새롭게 고찰한다. 아렌트는 보수, 진보와 같은 이론적 프레임이
중요한 것이 아니라, 우리가 던져야 할 질문은 '교육이 무엇을 위해
존재하는가'라고 진단한다.
이 책은 아렌트의 "교육의 본질은 탄생성에 있다"라는 선언과
"교육은 반드시 가르침과 동시에 이루어진다"라는 주장을 바탕으로,
가르침이 갖는 의미에 관한 저자의 고민, 그것에 대한 대안을
정리했다. 인간이란 무엇인가라는 질문을 던지는 『인간의 조건』에
등장하는 개념을 중심으로 교육으로서 공적 공간의 역할,
어른으로서의 가르침의 방향을 고민해보게 한다.

왜 자유주의는 실패했는가
패드릭 J.드닌 씀 | 이재만 옮김 | 책과함께 | 18,000원 | 2019

근대를 추동해온 자유주의는 20세기 이후 지배적 이데올로기가 되면서
신자유주의라는 새 옷으로 갈아입고 각자도생의 시대를 열었다. 저자는
로크 같은 초기 자유주의자부터 오늘날의 자유주의자들이 주장하는
이론까지 폭넓게 살피면서, 개인의 자율성을 추구하는 자유주의가
어떻게 개인주의와 나란히 국가주의를 강화하는지를 논증한다.
자유주의 사회에서 왜 자유교양교육은 쇠퇴하는지, 개인을 해방하고자
한 자유주의가 어떻게 인간을 소외시키고 무력화하는지를 이야기한다.
"자유주의는 성공할수록 실패한다"는 저자의 주장은 이 시대가 처한
딜레마 상황을 압축적으로 말해준다. 파시즘이 부활하는 조짐을 보이는
오늘날 자유주의의 한계를 성찰하게 하고 자유주의 이후의 세계에 대한
사유를 자극한다.

모두 아픈 학교, 공동체로 회복하기
김성천 외 씀 | 살림터 | 17,000원 | 2024

오늘날 학교는 아프다. 갈등의 사법화, 맞춤형 서비스를 요구하는
학부모 민원, 취약한 교권 보호 시스템, 체계적 시스템과 리더십의 부재,
정서 · 행동 · 학습 면에서의 위기학생 증가…. 복잡하게 얽힌 총체적
난국 속에서 교원, 학부모, 연구자, 국회 관계자 등 다양한 저자들이 함께
'아픈 학교'의 오늘을 짚고 내일을 생각한다.
'학교 공동체 회복'이라는 주제로 위기 상황에서 구성원들이 문제를
의미 있게 풀어간 실천 사례들을 제시한다. 공동체 안에서 벌어진 갈등을
처벌이 아니라 회복에 중점을 두고 해결해나가는 과정이 인상 깊다.
함께 소개하는 미국의 위기 대응 시스템도 우리의 어려운 현실을
풀어가는 데 도움이 될 것이다.

교육과 기술의 경주

클라우디아 골딘 외 씀 | 김승진 옮김 | 생각의힘 | 33,000원

1980년대 이후 미국 사회의 불평등 심화의 원인을 밝힌 책. 기술이
발전하고, 고학력 숙련 기술자들의 소득이 늘어나면서 불평등이
심화되었다는 통념을 반박한다. 저자들의 연구에 따르면 오히려
숙련 기술자의 공급 부족, 즉 교육력의 약화가 불평등 확대의
원인이라는 것이다. 교육이 기술 발전을 따라가지 못하면서 발생한
양극화 현상은 인공지능 시대 교육의 방향에 시사점을 준다.

내 아이는 조각난 세계를 삽니다

윤서 씀 | 한겨레출판 | 17,000원

열세 살의 나이에 조현병 진단을 받은 아들과 함께한 18년간의
기록. 가까운 이가 전혀 다른 사람으로 바뀌었다고 믿는 카그라스
증후군이 아들에게 갑작스레 발현한 뒤 자녀가 서른 살이 되어
삶의 방향을 찾아가기까지의 과정을 질환, 돌봄, 자립의 키워드로
풀어낸다. 오랫동안 정신분열증으로 불렸던 조현병이라는
질병을 올바로 이해하는 데 도움이 되는 책이다.

명령에 따랐을 뿐!?

에밀리 A. 캐스파 씀 | 이성민 옮김 | 동아시아 | 20,000원

"명령에 따랐을 뿐이다." 국가 폭력 사태나 집단학살이 일어났을
때 사건 가담자들이 주로 하는 말이다. 다른 사람에게 고통을 주는
명령에 복종하기로 한 이들의 뇌에서 무슨 일이 일어나는지 알고
싶었다는 저자는 복종 뒤에 숨겨진 신경학적 메커니즘과 집단
폭력에 물들지 않을 수 있는 방법을 찾는다. 각국의 집단학살
가해자 인터뷰와 실험을 통해 결과를 도출한 점이 인상 깊다.

쓰기의 미래
나오미 배런 씀 | 배동근 옮김 | 엄기호 해제 | 북트리거 | 27,800원

챗GPT를 비롯한 생성형 AI가 일상을 파고든다. 글쓰기에서도 문자
자동완성, 번역 등 점점 정교해진 혁신적 기술이 우리에게 편리함을
안겨준다. 1970년대부터 AI 연구를 시작한 저자는 급변하는 기술
환경이 인간의 사고와 표현에 어떤 영향을 미치는지 학문적 관점에서
분석한다. AI 글쓰기의 한계, 위험성 등을 짚고 현장에서
AI와 협력하는 글쓰기는 가능한지 그 방향성을 검토한다.

당신은 제게 그 질문을 한 2만 번째 사람입니다
오혜민 씀 | 낮 | 16,800원

여성학자인 저자는 6년간 대학에서 필수 교과로 페미니즘을 가르치며
많은 질문들을 받았다. 정말로 궁금해서가 아니라 페미니즘에 대한
반감을 드러내기 위해 던진 질문도 많았다. 군대 문제, 젠더 갈등,
역차별, 여성 할당제 등 예민하게 충돌하는 이슈들을 바탕으로
페미니즘에 관한 오해와 사실을 질문과 답으로 정리했다. 자녀,
학생들과 페미니즘 이야기를 나눌 수 있는 입문서로 적절하다.

증명과 변명
안희제 씀 | 다다서재 | 18,000원

문화인류학을 연구하는 청년이 자살을 기획한 친구와 나눈 깊은
대화의 기록. 평범한 청년이 수능을 준비하며 시작된 우울과
강박으로 고통받으며 어떻게 사회에 진입해 좌절해가는지 추적했다.
문화인류학, 사회학, 정신분석학, 퀴어 이론을 바탕으로 20대 남성의
언어를 분석한 이 작업은 증명해야 살아남고 실패해도 변명할 수
없는 우리 사회의 민낯을 소수자의 언어로 드러낸다.

전국 독자모임

강원 강릉
월 1회 | 강릉청소년마을학교 날다
kezmann@hanmail.net

강원 동해
매주 수, 오전 10시 반 | 서호책방
seohobooks@naver.com

강원 인제
매주 금, 오전 10시 반
책방나무야

강원 춘천
월 1회 | 가정중학교
카카오ID Rainbow-96

경기 고양
매주 화, 오전 10시 | 온라인
카카오톡ID bodulbaram

경기 남양주
매월 첫째 토, 오전 9시
위스테이별내
카카오ID songsong_gamza

경기 수원
매월 둘째 화, 오전 10시 | 온라인

경기 안산
매월 둘째 넷째 목, 오전 10시 반
마을숲작은도서관

경기 여주
여주 민들레학교 031-881-0862

경기 의정부
매월 마지막 월 | 꿈틀자유학교
카카오ID ggumtle-free

경기 이천
매월 셋째 목, 오후 7시
우리의놀이터

경기 파주
격월 1회, 파주자유학교
pajufreeschool@gmail.com

경기 평택
매주 수, 오전 10시 | 강당골사랑방
leyna99@naver.com

경남 거제 (우리이야기)
매월 둘째 목, 오전 10시 반
카카오ID sunkey83

경남 남해 (상주면)
매주 금, 오전 10시 반 | 상주랑
kongju02@naver.com

경남 산청
매월 셋째 일, 오후 3시
청소년 자치공간 명왕성

경남 합천
매월 마지막 금, 오후 2시 | 토기장이의 집 |
카카오ID pmiyoung36

경북 경주 ①
월 1회, 오후 7시 반 | 새각단농원
as-1127@hanmail.net

경북 경주 ②
월 1회 | 모두누림 경주교육
사회적협동조합 | 불국사 아랫마을
littlemgzine@naver.com

경북 상주
매월 넷째 월, 오전 10시 반
윤찻집 | 상주 참교육학부모회
카카오ID anasts11

경북 영주
매월 셋째 목, 오후 6시 반
카카오ID mitzvah

경북 포항
격주 화, 오전 10시
카카오ID yulim1303

광주 남구
매월 첫째 목, 오후 7시
스타벅스 광주효천점
카카오ID pillowoo

대구 달성군
매월 첫째 금, 오후 7시
놀삶 마을메이커 스페이스
imagekjs@gmail.com

대구 수성구
매월 둘째 수, 오전 10시 반

마마플레이트

대전 (탄방동)
매월 둘째 화 오후 6시,
둘째 금 오전 11시 | 풀잎대안학교

대전 유성구 (신성동)
매월 둘째 금, 오후 8시
bboniya@naver.com

부산 사하구
매월 셋째 토, 오전 10시
행복한동행 작은도서관

부산 중구
매월 첫째 목, 오후 8시 반
글마루작은도서관

서울 강서구
매월 첫째 토, 오후 3시
개화동 | 카카오ID pulssi

서울 광진구
매월 첫째 셋째 금, 오후 9시
온라인 | aunju74@gmail.com

서울 노원구
3~11월 마지막 목, 오전 10시 반
공릉청소년문화정보센터
카카오ID dahy0610

서울 성북구 ①
매월 셋째 토 | 성북마더센터 맘콩카페
moon.eunjeong@gmail.com

서울 성북구 ②
매월 셋째 금, 오후 7시
석관동미리내도서관

서울 중랑구
매월 둘째 수, 오후 7시 반
중랑 마을넷 사무실
카카오ID watchmanii

울산
월 2회 | 온라인(비정기 대면
모임 병행) | 참교육학부모회
카카오ID esperanto81

울산 동구
매주 목, 오전 10시
더불어숲작은도서관
카카오ID earthing2050

울산 울주
매주 월, 오전 10시
삼동초등학교 학부모실
frog4033@hanmail.net

인천 서구
월 1회 | 검단 신도시 근처
카카오ID blackleelove

인천 남동구 (장수동)
매월 첫째 셋째 수, 오후 7시 반
열음학교 | 카카오ID shinejka

전남 순천
매월 셋째 금, 오후 7시 | 학교너머
카카오ID samter97

전남 화순
매월 셋째 화, 오전 10시
이서커뮤니티센터

전북 완주 (새로 생긴 모임)
월 1회 | 림보책방
limbobooks@naver.com

전북 정읍
매주 금, 오전 10시
참교육학부모회 정읍지회
카카오ID samter97

제주 애월
매월 둘째 금, 오전 10시 | 보배책방
카카오ID starwind98

제주 북부
월 1회 오전 10시 | 삼화지구 혹은
조천 | 카카오ID rest4u0320

충남 서천
매주 수, 오후 7시 | 책방, 눈 맞추다
overdye0714@gmail.com

충남 예산 (새로 생긴 모임)
매주 일, 오전 6시 | 온라인
mykokkirine@gmail.com

충북 충주
월 1회 | 한살림 호암매장 2층
카카오ID yoonh-1

전국 독자모임 지도

성북① 성북②
파주 고양 의정부 춘천 인제
강서 노원 강릉
인천 서구 낭양주 동해
인천 남동구 중랑
부천 광진
광명
안산 수원 이천 여주
평택 충주
예산 영주
상주
대전 유성구
서천 대전 탄방동
포항
완주 경주①
대구 수성구 경주②
정읍 대구 달성군
울산 울주 울산
합천 울산 동구
신청
광주 남구 부산 중구
화순
순천 부산 사하구
거제
남해 (상주)

• 기존 모임
✿ 새로 생긴 모임

제주 북부
애월

본능적으로 그림 그리기를 즐기던 우리는 언제부터, 왜 미술을 멀리하게 되었을까?

미술 교사 김인규가 교실에서 만든 특별한 미술교육 이야기

어린이의 성장과 미술교육

우리는 왜 그림을 못 그리게 되었을까

김인규 씀

김인규 씀 | 24,000원

**"미술은 배워서 하는 활동이기 전에 스스로 표현하는 데서 출발한다.
하지만 그 기반에는 교사의 부단한 노력과 역할이 있다."**

아이들이 손꼽아 기다리게 한 미술 시간은 어떻게 가능했을까?
다른 사람의 시선을 의식하고 서로를 비교하며
미술을 두려워하던 아이들과 함께 만들어 낸 반짝이는 교육적 순간들을 담다.

(03971) 서울시 마포구 성미산로1길 30 2층 | 전화 02-332-0712 | 전송 0505-115-0712 교육공동체벗

공동육아 첫걸음 안내서

공동육아, 더불어 삶

아이, 부모, 교사가 당당하고 소중한 주체가 되는 즐거운 공동육아

가격 17,000원 / 292쪽

공동육아는 어떻게 시작되었나요? 공동육아에서 아이들은 어떻게 살아가나요? 공동육아에서 교사는 어떤 역할을 하나요? 공동육아에서 부모도 중요한가요? 등등의 다양한 질문에 깊고도 넓게 답을 할 수 있는 책이 출간되었습니다. 『공동육아, 더불어 삶』은 공동육아 테두리 안에서 살고 있는 교사 및 부모의 자율적 교육을 위한 개론서이자 공동육아 테두리 밖 사람들의 공동육아에 대한 포괄적인 이해를 돕기 위한 안내서 입니다.

목차와 주요 내용

1부. **공동육아의 발자국**: 좋은 삶과 인생공동체를 향한 공동육아의 윤리와 역사, 공동체 교육운동

2부. **공동육아에서 즐거운 아이들**: 공동육아의 교육과정, 생태적 삶과 생태교육(나들이, 텃밭, 먹을거리), 하루 일과, 보육 공간, 자유 놀이 문화, 장애통합 교육

3부. **공동육아에서 당당한 교사**: 공동육아 교사의 가치와 역할, 교사 협력 문화와 조직 활동, 교사 교육과정, 현장교육지원전문가

4부. **공동육아에서 더불어 성장하는 부모와 교사**: 부모 참여와 협력 문화, 마을에서 살아가는 사람들, 관계 맺기와 민주적 의사소통

플라스틱, 쓰레기, 그리고 나 – 숨은 얼굴 찾기!

플라스틱 쓰레기는 줄일 수 있을까요?
플라스틱을 덜 쓰면서 살 수 없을까요?

핵심을 이해하기 쉽게 풀어낸 글, 상상력을
불러일으키는 독창적인 그래픽
깊이 있고 흥미롭게 플라스틱에 대한
지식과 정보를 전합니다.

기획 (사)작은것이 아름답다 **지음** 하인리히 빌 재단
옮김 손어진, 유진, 윤혜진 움벨트 **값** 18,000원
160×200mm | 160쪽 | 100퍼센트 재생종이,
식물성 잉크 4도 인쇄, 반양장

* 전국 서점에서 구입할 수 있습니다.

자연과 더불어 사는 삶, 생태환경문화잡지 〈작은것이 아름답다〉와 함께

282호
〈바닷가〉
땅과 바다가 만나는 곳,
우리가 지나친
바닷가 이야기

281호
**〈자연이 내게
가르쳐 준 것〉**
자연이 이끌어 준
내 삶의 한 살이

280호
〈기준치를 묻다〉
무엇이 기준인가,
누구를 위한 기준인가
누가 기준을 정하는가

279호
〈섬〉
자연의 공간 시리즈
여섯 번째,
생태공간 섬의 재발견

* 다음호 예고 283호 〈플라스틱 없는, 두 번째(가제)〉 12월 출간 예정

작은것이 아름답다

1년 4회 펴냄, 정기구독 55000원
www.jaga.or.kr / 02-744-9074~5

남자아이들이 위험하다?

계간《민들레》2024년 겨울호

'요즘 남자애들이 이상하다'는 소문이
들려오기 시작한 지도 꽤 되었지요.
여자아이들이 남자아이들을 앞선다는
십수 년 전 '알파걸' 담론이 등장한 후
번역서가 여러 권 출간되고 SBS 다큐도
제작되면서 '남자아이들의 위기 현상'에
주목했었는데요. 오늘날에는 한국사회의
젠더 갈등까지 더해져서 훨씬 복잡한
양상으로 드러나는 듯합니다.

여자아이들이 야무지게 스펙을 챙기는 동안
남자아이들은 게임에 빠져 있으면서 마음
한구석에 여성에 대한 혐오와 피해의식을
안고 있다고 교사들도 말합니다.
남자아이들의 성장이 지체되고 있다거나
남성성의 위기라는 담론의 근거가 무엇이고
실제로 그러한지를 살펴보았습니다.

"누구나 자기 인생엔 진심이다." 그 말을
떠올리면 아이의 이해할 수 없는 행동도,
문제처럼 보이는 현상도 존중하는 마음으로
바라보게 됩니다. 이상해 보이고 '찌질'해
보이는 이 시대 남자아이들도 지금
자기 앞의 생에는 누구보다 진심일 겁니다.
그 모습이 문제처럼 보인다면 그들을
탓하기보다 그들의 생각과 말, 행동이
어디에서 비롯되는지 살피는 게 먼저가
아닐까 싶습니다.

"자세히 보아야 예쁘다 / 오래 보아야
사랑스럽다 / 너도 그렇다" 나태주 시인의
〈풀꽃〉은 교사 시절, 너무나도 말 안 듣는
아이를 이해하고 싶어서 보고 또 보다가
탄생한 시라고 하지요. 어딜 가든 '기피
대상 1호'라는 이 존재들을 오래 보고
자세히 보면서, 이상하고 아름다운
그들의 세계로 조금 더 다가가는 시간이
되면 좋겠습니다.

2024년 겨울호 주요 내용

모두가 억울한 세상에서 어린 남자들이 사는 법
남녀공학은 남학생들에게 불리할까
'소년 위기' 담론의 세계적 동향
아들 키우는 법, 따로 있다?
'아들맘'은 어쩌다 멸칭이 되었을까
'남자는 나이 먹어도 애'라는 말에 대하여

정기구독 신청

낱권 16,500원
일 년 구독료 66,000원

2024년부터 발행 주기가
격월간에서 계간으로 바뀌었습니다.

단체로 신청하시면 구독료를
10% 할인해 드립니다.

민들레 02) 322-1603 | mindle.org
mindle1603@gmail.com

2025년 상반기 공부모임 안내

대안교육 철학 다시 세우기

교육운동이 길을 잃은 듯합니다. 공교육이라는 공공재는 사유재가 되고,
대안 사회를 꿈꾸던 대안교육운동의 열기도 점점 사그라들고 있습니다.
진보교육의 철학적 토대가 된 사상 또는 이념을 살펴보면서 교육운동의
방향을 함께 모색해보고자 합니다.
인간을 자연의 일부로 바라보는 생태주의, 삶과 분리되지 않은 교육을
지향하는 실용주의, 아이들의 자율성을 존중하고 주도적인 배움을 강조하는
학습자중심주의가 교육에서 어떻게 구현되고 있고 한계가 무엇인지 짚으면서
다음 발걸음을 모색하는 공부모임에 여러분을 초대합니다.

일시 3~7월 마지막 주 수요일 저녁 7시 30분~9시 30분
진행 현병호 발행인의 발제와 참여자들의 토론으로 진행됩니다.(ZOOM)
회비 일반 8만 원, 《민들레》 독자 6만 원

일정 3월 26일 생태주의 교육과 자유주의
　　　 4월 23일 삶을 위한 교육과 실용주의
　　　 5월 28일 학습자중심 교육과 아동중심주의
　　　 6월 25일 개별화 교육과 통합교육
　　　 7월 23일 교육운동, 어디로 가야 할까 (토론)

공부모임
신청하기

웹진 《민들레》를 시작합니다

2025년 3월부터 웹진을 발행합니다. 종이 매체가 격월간에서
계간으로 바뀌면서 놓치게 된 시의적인 이야기와 다양한 교육 정보를
담을 예정입니다. 새로 발행되는 웹진은 출판사 홈페이지에 게시하고
독자님의 메일로도 보내드립니다. 그동안 발행되던 민들레 뉴스레터를
받아보지 못하신 분들은 오른쪽 큐알코드로 접속해 메일 주소를 남겨주세요.

웹진
신청하기